ARGENTINA SACUDIDA

oka

Para Cida, meu incentivo.

FC LEITE FILHO

ARGENTINA SACUDIDA

Cristina Kirchner

(*La lucha es cruel y es mucha*)

Breve perfil da líder peronista

1ª edição

São Paulo
EDITORA OKA
2019

Título: ARGENTINA SACUDIDA

Capa: Niky Venâncio
Foto da capa: Gaspar Lazzari
Editoração e Revisão: Antonieta Canelas

Obras publicadas do autor:

Brizola Tinha Razão - Global Editora, 1987 e 1989
Leonel Brizola - El Caudillo - Editora Aquariana, 2008
Quem tem medo de Hugo Chávez? - Editora Aquariana, 2012

Editora Oka
Rua Dr. Abelardo Vergueiro César, 252 – Vila Alexandria
04635-080 São Paulo / SP
Tel.: (11) 2638-8197
www.editoraoka.com.br / vendas@editoraoka.com.br

Do tango Uno
(De Enrique Santos Discépolo)

Uno busca lleno de esperanzas
el camino que los sueños
prometieron a sus ansias
sabe que **la lucha es cruel y es mucha**
pero lucha y se desangra
por la fe que lo empecina

Tradução livre:
A gente busca cheia de esperanças
o caminho que os sonhos
prometeram às suas inquietações
sabe, que a luta é cruel, e é braba
mas luta e se despedaça
pela fé que o impele.

Sumário

	Introdução	9
I —	Uma versão decadente de 2001	13
II —	A resistência dentro do peronismo	19
III —	O que fizeram Cristina e Néstor	29
IV —	Industrialização e reconstrução	35
V —	Os fantasmas de fim de ano	41
VI —	Dezembro, quando tudo parecia explodir	47
VII —	Mobilização por um modelo nacional	51
VIII —	Um projeto de juventude	55
IX —	As reformas no país do tango	61
X —	Unidade e integração	65
XI —	Os escândalos e a paranoia moralista	71
XII —	As conchillas do Corriere Della Sierra	79
XIII —	O doce prazer da mentira	83
XIV —	Stornelli, Bonadio, Sérgio Moro e Dallagnol	87
XV —	Cristina de vice-presidente	95
XVI —	Integração latino-americana	99
XVII —	Saída da moratória e arrancada econômica	105
XVIII —	Os militares andam mais discretos	115
XIX —	Ciberdefesa, Bond e Glenn Greenwald	121
XX —	Reclamando as Malvinas de volta	125
XXI —	O Papa argentino e os Kirchner	133
XXII —	A disputa pelos relatos	145

XXIII — Lei da Mídia, a primeira do mundo. 155
XXIV — O desmanche da Lei da Mídia 161
XXV — O autoritarismo de Macri 165
XXVI — TV Digital e Internet 169
XXVII — O 678 e o rebate à desinformação 173
XXVIII — A saúde de Cristina 183
XIX — O assédio para pagar os buitres 189
XXX — A comunicação direta, pelo Twitter 197
XXXI — Quando os EUA bordavam e desbordavam 205
XXXII — Cadeias de TV para furar o bloqueio 211
XXXIII — A tentativa de reforma da Justiça 213
XXXIV — Três tragédias de trens 219
Siglas 223
Agradecimentos 224
Bibliografia 225
Fontes de consulta 228
Depoimentos 228
Sobre o autor 229
Índice Onomástico 230

Introdução

O FATOR SURPRESA FOI SEMPRE UMA ARMA CRUCIAL EM POLÍTICA. E é com ele, que, no espaço de menos de um mês, Cristina Kirchner impacta, duas vezes, o cenário argentino, em plena época de definições de candidato para a eleição de 2019. Primeiro, foi o lançamento de seu livro, *Sinceramente*, que logo estourou como o super *best seller* de 200 mil exemplares e cujo conteúdo nem a editora chegou a conhecer, pois, para evitar espionagem, recebeu a composição finalizada, em *pen drives*. Vinte e dois dias depois, no raiar do sábado 18 de maio de 2019, ela aparecia em um vídeo no Youtube[1], de 12:51 minutos, anunciando que não seria candidata a presidente, e sim a vice-presidente, numa chapa encabeçada pelo seu ex-chefe de gabinete Alberto Fernández e coordenador de campanha eleitoral.

Aquilo atropelava todos os prognósticos, inclusive dos militantes, mas também continha um recado: que estava atenta ao que se armava contra ela, no caso de reivindicar a postulação presidencial – corrida bancária, cambiária, disparo da inflação ou qualquer um destes ardis capazes de provocar pânico e desassossego na sociedade, de que só a direita é capaz, quando trata de inviabilizar um adversário incômodo.

---

1 Vídeo em que Cristina anuncia que será candidata a vice-presidente, tendo como titular Alberto Fernández: https://www.youtube.com/watch?v=UVus4y70aSU&t=220s

Ela sabia que ia atrair contra si todos os raios e trovões da formidável máquina do *establishment* para triturar reputações, fosse na Argentina ou no resto da América Latina. Tinha de se acautelar, pois, ali do lado, no Brasil, seu colega ex-presidente Lula da Silva, ia completar 400 dias na prisão, de acordo com uma sentença total de 12 anos e meio. Cristina, ela mesma, só não estava atrás das grades, por causa, não apenas de sua imunidade de senadora, como, principalmente, da reação popular que tal medida poderia provocar, num levante bem *a la Argentina*.

Estava ciente de que ganhar esta eleição de 2019 não será fácil, mesmo figurando na chapa de um candidato moderado. É novamente do Brasil, que, no final de seu livro, *Sinceramente*, ela adverte para o perigo das *fake news* e outras trapaças de algoritmos, que determinaram a eleição do ultradireitista Jair Bolsonaro. Mas, confiava na força de mobilização do peronismo, em torno de cuja união, vinha se batendo quase à toa a cada minuto, depois que foi derrotada por Macri, em 2015. Sabe, igualmente, que é respeitada no arco internacional de potências alternativas como a Rússia, China e Índia, ao qual se atribui decisiva ajuda à resistência de Cuba e da Venezuela.

De qualquer maneira, a solução da chapa Fernández-Fernández, ou Fer-Fer, como foi alcunhada – por causa do sobrenome comum dos candidatos, ainda que não haja nenhum parentesco entre eles: Alberto Fernández e Cristina Fernández de Kirchner – provou que vai dar trabalho. O peronismo demonstrava, assim, mais uma vez, que não dispõe só de militância, mas também de astúcia. E provava que a política, às vezes, pode ser assimétrica. Recorde-se o que ocorreu, em 1972: Perón não pôde se candidatar, por causa do veto dos generais, que então se recolhiam mais uma vez aos quarteis, para dar vez aos políticos, depois de novo surto ditatorial. Ele, então, indicou Hector Câmpora, seu lugar-tenente, e logo surgiu a consigna: "Câmpora no governo, Perón no poder". Pouco depois de eleito, Câmpora renunciou e abriu caminho para a eleição de Perón, em 1973.

A *movida*, como costumam dizer os argentinos, deixou a direita aturdida e sem poder reagir: estava amarrada e em desconcerto. A chapa Fer-Fer ainda produziria um efeito imediato de distensão dos espíritos, inclusive naquele setor sensível do mercado.

Alberto é um homem moderado, grande negociador e com diálogo fácil no setor financeiro e no próprio âmbito judicial-midiático, demonstrando, dessa maneira, ser determinante fator de segurança jurídica e governabilidade. Tanto é, assim, que o dólar começou a baixar na segunda-feira seguinte ao anúncio da chapa peronista e, até a inflação, que, antes vinha sinalizando anualização de 55%, recuou alguns décimos.

Este efeito distensor incidiu, igualmente, sobre os peronistas, que ainda se encontravam enfrentados em alguns segmentos. Tal circunstância, se persistisse, favoreceria o surgimento de uma terceira via, a qual, além de fragilizar a candidatura majoritária da oposição, poderia subtrair-lhe votos preciosos e, com eles, assegurar nova vitória de Maurício Macri, já então definido como pré-candidato.

Agora, como é que essa chapa Fer-Fer vai funcionar? Aí, só os argentinos, ou melhor, os peronistas, entendem. Cristina, como vice, mandando no titular, que é Alberto? Nada disso, pelo menos, por enquanto. A prioridade é juntar os cacos do movimento, que havia implodido com aquela derrota para Macri. E, embora isto já se encaminhasse, desde a reconciliação, ocorrida meses antes, de Cristina com o próprio Alberto, desavindos que estavam havia 10 anos, e, mais importante, a reconquista da pujante liderança sindical, ainda persistia um grau de desconfiança entre as várias correntes.

Cautelosa, Cristina já advertia no vídeo daquele sábado: "Não se trata de voltar ao passado nem de repetir o que fizemos entre 2003 e 2015", mas de "convocar os mais amplos setores, não só para ganhar, como também para governar". E governar "uma Argentina outra vez em ruínas, com o povo outra vez empobrecido", concluía.

Ao longo deste livro, vamos tentar destrinchar, a partir da figura singular de Cristina Fernández de Kirchner, os desafios que enfrenta nosso polêmico país vizinho de porta e todas as suas contradições. E vamos começar dentro dessa corrente, que, a 45 anos da morte do general Juan Domingo Perón, continua dominando a cena e sendo a grande paixão nacional, muito maior, mais aguerrida e arraigada do que a torcida do nosso flamengo brasileiro.

Teremos, também, a ocasião de analisar os 12 anos e meio de governo do casal Kirchner – quatro e meio, de Néstor, e oito, de Cristina. Não se trata de um casal político tradicional, em que a mulher apenas acompanha o marido, como elemento figurativo. Estes dois encerravam um projeto de país, em comum, no qual, eram parceiros iguais e se revezavam, ao longo de 45 anos de união, às vezes um atuando no executivo e o outro no legislativo, como nas administrações da província de Néstor, em Santa Cruz (onde foram morar depois que se conheceram na Universidade de La Plata, em 1974), no Congresso, ou na Casa Rosada, onde Cristina sucedeu Néstor, como presidente, e, provavelmente, Néstor sucedesse Cristina, caso não tivesse sido abatido por um infarto, em 2010.

Aqui, nosso foco é em Cristina, por causa de seu consumado perfil de estadista, líder popular provada, e grande lutadora contra os sistemas de dominação, que a vêm bombardeando com 17 processos judiciais, junto com uma bestial campanha midiática de descrédito. Analisemos, pois, a partir deste projeto nacional que coube a ela cumprir, dentro ou fora do poder, porque, mesmo considerando a hipótese remota de perder, nesta eleição de 2019, agora como candidata a vice-presidente, seu papel continuará sendo crucial, nesta Argentina sacudida.

Brasília, 22 de julho de 2019

I
Uma versão decadente de 2001

PARA COMEÇAR ESTA NARRATIVA, VAMOS ENCONTRAR CRISTINA ELISABET Wilhelm Fernández de Kirchner, este é seu nome completo (ainda que ela não use, nem goste, do alemão Wilhelm, herdado da mãe Ofélia), no ápice de uma das muitas e mais turbulentas crises espalhafatosas que tumultuaram sua gestão. E ela se encontrava, justamente, no longínquo El Calafate, para onde, dias antes, tinha ido passar o natal de 2012. Smartphone (ainda não havia Whatsapp), internet à mão e ajudada por uns poucos assessores de inteligência, acompanhara os insólitos acontecimentos que, havia alguns dias, vinham incendiando o país.

Dois dias depois do Natal, quebrou o mutismo a que se obrigara, durante quase uma semana. Ao chegar a Buenos Aires, no dia 27, foi direto à TV, em cadeia nacional. Algo entediada e irreverente, referiu-se aos quase 300 saques a supermercados, com quatro mortos, que haviam ocorrido em mais de dez províncias do país, entre 20 e 23 de dezembro de 2012: "É uma versão decadente, uma *mala copia* (cópia ordinária) da crise de 2001", disparou.

Depois do discurso, o país volta, de súbito, à normalidade. Os saques param, a rotina é retomada, a mídia não fala mais nada sobre o assunto. Seria aquilo mais um susto que lhe tentavam pregar? O fato é que já se havia desatado a mais virulenta mobilização de rua e de mídia com o fim de, senão derrubá-la do governo, pelo menos desacreditá-la.

Os adversários exploram *ad nauseam* sua ironia cirúrgica, capaz de reduzir a pó as maquinações mais enviesadas. Insistem em associar esse atributo à vaidade pessoal, criticando suas roupas caras, as joias, os sapatos de grife. Sua implicância com a burrice (*pelotudez*, no espanhol argentino) e um ar sobranceiro, contribuem, de um certo modo, para conferir-lhe certo ar arrogante.

Finalmente, como é bonita, culta – e destemida –, desperta certa inveja, em particular, nas semelhantes de gênero. Está pronto o coquetel para fazer de Cristina o estereótipo de uma mulher antipática e intragável. Nem sempre é assim, porque, ainda que admita essas vulnerabilidades, recorre a um misto de humildade e altivez para pedir ao povo que a aceite do jeito que é, como o fez, em certa ocasião antes de despedir-se, em dezembro de 2015, na varanda da casa de governo. Tinha sido derrotada, eleitoralmente, mas remanescia imensamente popular:

"Esqueçam que sou meio *antipaticona* e digo coisas que às vezes não gostem e levem a dizer: 'olha que soberba e que pouco humilde'. São defeitos que tenho, mas, com uma mão no coração, peço a todos os argentinos que pensem: Estão um pouco melhor do que em 2003 ou estão piores?".

Aquela arremetida natalina de 2012 havia sido desfechada com estrondo, em decibeis um tanto acima das outras *blitzkriegen* midiáticas, sobretudo, a internacional, que dá ensurdecedora ressonância à sucursal platina. Mas, naquele *frisson* de fins de 2012, a mídia, viu-se, de súbito, carente de cenas para sustentar o que alardeava ser um levante social contra o governo. Mas que levante? Em Campana, de 80 mil habitantes, nordeste de Buenos Aires, uma das cidades mais afetadas pelas pilhagens, explicitava Cristina naquele pronunciamento, o desemprego situava-se em 3%, contra 38% no final do período Fernando de la Rúa, o homem do *corralito*[2] (1999-201).

---

[2] Confisco da poupança e das contas correntes dos argentinos.

Cristina sucedia o marido, Néstor Carlos Kirchner, tanto no mandato de presidente, como principalmente – costuma frisar –, num projeto abrangente de nação, que os dois abraçaram e cultivavam desde a juventude, em 1974, na Universidade de La Plata, da moderna cidade do mesmo nome, a 57 km de Buenos Aires. Lá, se conheceram. Ele, o *pinguim* da Patagônia, ela, a *nena* coquete e intelectual que fremia os corações dos jovens laplatenses.

Aquele surto de saques de fins de 2012 constitui apenas uma das inúmeras conjuras – e, certamente, não a mais grave – com que esta mulher – então já viúva e sem o auxílio e a logística crucial do companheiro, falecido, inesperadamente, em 27 de outubro de 2010 – se depararia para recuperar seu país do longo inverno neoliberal, imposto, indistintamente, por militares da ditadura e os civis da abertura. De onde vinha tanta força naquele corpo frágil, ainda formoso, na época, aos 62 anos?

"Como aguento tudo o que tenho de aguentar?, lhes digo que aprendi aqui na Patagônia, com o vento, com o frio, com a neve, com o esquecimento", explicou-se numa inauguração de obra, em El Calafate, em 15 de fevereiro de 2015. Referia-se à sua experiência na província patagônica de Santa Cruz, para onde foi viver (e exilar-se, porque a Argentina vivia em plena ditadura Videla), aos 22 anos, depois de casar-se com o *pinguim* Néstor, em 9 de março de 1975.

"Tenho de desencarnar", repetia Luís Inácio Lula da Silva, depois de entregar a faixa presidencial a Dilma Rousseff, em primeiro de janeiro de 2011. Era como procurava conviver com a súbita sensação de vazio que se lhe apossara. Acabava de sair de uma corrida a mil quilômetros por hora – como, mal comparando, se pode visualizar a atividade de um presidente da República –, para engatar um ponto morto, e vestir o pijama.

Quando deixou a Casa Rosada para Maurício Macri, em dezembro de 2015, Cristina Kirchner enfurnou-se, no Calafate, não sem antes anunciar, para uma multidão de 700 mil pessoas, que continuaria "a fazer o que sempre fez: militar". Ela submergiria por quase seis meses, em sua casa daquela cidade, que fica ao lado da geleira Perito Moreno, a maior do mundo, quase na fronteira com o Chile, a 2.783 km de Buenos Aires.

Seu exílio era um pouco mais espinhoso que o de Lula. Este havia feito o sucessor, no caso, a sucessora, Dilma, enquanto ela viu seu candidato perder, para o mais implacável adversário, justo o candidato, moldado e cevado pela mídia, o mega empresário Maurício Macri.

Cristina, talvez, tivesse se recolhido, igualmente, no caso de vitória. Ela faz um tipo solitário, que, de regra, cultiva a reflexão e o isolamento. O Calafate, que havia se transformado em importante ponto turístico na administração de Néstor, como governador da província, era seu refúgio, a que costumava recorrer, sempre que teve oportunidade, ao longo dos 12 anos e meio de Casa Rosada – quatro e meio de Néstor, e oito dela.

Antes de esmiuçar nosso personagem, voltemos àquele dezembro de 2012, pois lá se mesclam alguns elementos essenciais para entender esta instigante trajetória. Durante os distúrbios iniciados em Campana, Cristina deixara a capital para, como o faz, habitualmente, recolher-se ao Calafate. Lá, costuma passar o Natal e os longos feriados, sozinha (depois que ficou sem Néstor), entregue às suas reflexões, ou no convívio com os dois filhos, Máximo e Florencia (os netos ainda não haviam chegado).

De lá não saiu, nem falou. Mas agiu. Pelo telefone e a internet (ainda não existia Whatsapp), mobilizou seus operadores de governo, neutralizando o motim, em menos de três dias. Ainda provou tratar-se de mais uma ação orquestrada pela raivosa elite econômica, já então aliada aos pelegos sindicalistas e à ala fisiológica do peronismo, tradicionalmente, afeita a manipular esse tipo de ações desestabilizadoras.

O dezembro de 2012, no entanto, era apenas um ensaio do que viria no ano seguinte, o dezembro de 2013. Este rebentou ainda mais devastador. Começou com um surto de greves das polícias estaduais (*provinciales*), controladas pelos governadores, logo seguidas de pilhagens generalizadas nas lojas e supermercados, em quase todas as 23 províncias (estados) do país.

Em meados do mês, o calor estalara com fúria nunca vista nos últimos cem anos. O excesso do uso de ar condicionado e o descaso das companhias de eletricidade, privatizadas e sucateadas na era neoliberal menemista, redundaram em cortes de energia e falta d'água em alguns bairros da capital e de outras grandes cidades.

Habitantes encolerizados dessas vizinhanças bloquearam ruas e pontes, desordenando o trânsito e levando o portenho à exasperação. Buenos Aires estava irrespirável e a impressão, a olho nu, era que o governo estava em vias de estatelar-se. No dia 31, véspera de Ano Bom, porém, a volta das chuvas e o resultado da ação de governo, pessoalmente, conduzida por Cristina, descia aos 24 graus centígrados, bem longe dos 40 do início da última quinzena, o que ajudou a amenizar, mas não superar o desassossego coletivo.

Já pelos meados de janeiro, parecia dissolver-se mais uma dessas tormentas políticas fabricadas, que sobressaltavam, não só a Argentina, como também todas as experiências progressistas dos países vizinhos, do Brasil à Venezuela. Eis que, porém, sem mais nem menos, em 20 de janeiro, um ataque especulativo eleva o dólar, no mercado paralelo, de 8 para 13 pesos: um aumento de 22,2%, em apenas um dia, 23 de janeiro de 2014, o que totalizava 56,2%, no transcurso de um ano.

O ex-ministro Domingo Cavallo, o homem do *corralito*, tentou instalar o catastrofismo, dizendo que "o governo vive crise de confiança e risco de descontrole de preços". Em entrevista a *O Globo* brasileiro, ele disse constatar, ali, a reedição da crise da debacle de 2001, e catastrofou que a inflação atingiria 40% até o fim do ano.[3]

---

[3] Ler em: https://oglobo.globo.com/economia/perigo-argentina-repetir-crises-de-hiperinflacao-de-1975-1989-diz-ex-ministro-11472299#ixzz5JXBbkghn

Não ocorreu nada disso e tudo voltou ao que era antes, o peso caindo, mas a níveis toleráveis, e a economia retomando seu ritmo normal. Algumas medidas extras de ajustes, como a elevação do dólar oficial em 12,42%, num só dia (23/01/2014) –, a mais alta em todo o período Kirchner, de 11 anos até ali –, neutralizaram a borrasca. Mas não sem os arreganhos de um certo setor poderoso, e fático, pronto a dar o bote na primeira esquina. O problema da Argentina era, também, de calendário, em particular de um determinado mês, em que os fantasmas emergem de todas as bandas, como veremos a seguir, depois de penetrarmos nos mistérios e contradições do peronismo.

II
A resistência dentro do peronismo

Talvez a grande proeza de Cristina, e também de Néstor, foi ter conseguido preservar, na gestão da presidência da República, a proposta central de Juan Domingo Perón: desenvolvimento econômico integral, com justiça social e soberania, que o general implantou, nos seus dois primeiros governos, de 1946 a 1955.

Outros presidentes peronistas, como Carlos Menem e Eduardo Duhalde, foram solapados ou, simplesmente, aderiram aos poderosos inimigos, que se infiltraram em seus governos para implantar o modelo do grande capital, que era exatamente o inverso do que pregara e realizara Perón.

Esta força descomunal de penetração nas hostes peronistas não poupou o próprio general, que teve seu último governo (1973-1974), onde já aportou muito doente, aos 78 anos. Foi assaltado por ninguém menos que seu ex-secretário particular José López Rega, que nele instalou a famigerada Tríplice A, dando origem à tristemente célebre guerra suja. Cristina e Néstor, talvez por causa do clima regional que favorecia à integração, não se contaminaram e conseguiram resgatar grande parte do legado peronista. Daí, foi possível, por exemplo, reestatizar a YPF e a Aerolineas Argentinas, reformar a educação, elevar os salários e aposentadorias, promover o desenvolvimento, pagar o FMI e diminuir a dívida externa.

Antes de examinarmos essas contradições, é importante entendermos a gênese do movimento peronista. As gestões de Perón, primeiro como ministro do Trabalho (1943-1946) e depois nos dois primeiros períodos como presidente, eleito, democraticamente, (1946-1955) significaram 12 anos de arrancada daquele país rico, mas tremendamente desigual. E deram às maiorias marginalizadas, secularmente, por uma elite vesga e retrógrada, o direito a uma vida digna e produtiva, que, junto com a formação de uma burguesia nacional própria, projetaram a Argentina, naquele rincão distante da América Latina, que os próprios argentinos chamam de fim do mundo, como um dos países mais cultos e influentes do planeta. Perón foi como Getúlio Vargas para o Brasil, Cárdenas para o México, e o Aprismo para Peru, ou seja, governantes voltados para a defesa de seus países e de seus povos e não meros caudatários de interesses alienígenas, como ocorria, irrecorrivelmente com os outros governantes. A diferença a assinalar, aqui, é que o peronismo subsistiu quase intato ao longo dos anos, enquanto o varguismo e o cardenismo, por exemplo, não tiveram a força de impor-se diante das vicissitudes do passar do tempo. O jornalista brasileiro Beto Almeida, da Telesur, estudioso e autor de um documentário da Era Vargas, aponta que houve uma diluição forte do nacionalismo revolucionário por estas bandas brasileiras:

"O surgimento do PT e suas quatro vitórias presidenciais (2002, 2006, 2010 e 2014), estimulado, num primeiro momento pelo *establishment*, impediu a ascensão de Leonel Brizola, que seria a continuidade do varguismo. É verdade que o Lula evoluiu e abraçou a CLT e o processo estrutural deixado por Vargas, ainda que o PT se perdesse em contradições".

Esta situação provocou um prejuízo ao processo histórico no Brasil maior do que na Argentina, segundo Beto Almeida, porque, "no país platino, as alternativas ao peronismo não tiveram forças alternativas: ou era o golpe ou não era nada. Mesmo alguns projetos liberais, como o de Raúl Alfonsin (1989), logo se frustraram".

– É por isso que logo volta o peronismo, já que sua força é determinante e está muito enraizada na realidade e na dinâmica do campo popular argentino – conclui o jornalista.

Perón foi deposto por um truculento golpe cívico-militar, em 1955, no processo do qual a Aviação Naval matou 400 pessoas e deixou mil feridas, num bombardeio à massa humana reunida na Plaza de Mayo. Naquela altura, ele já havia sofrido o duro golpe da enfermidade e morte da jovem esposa Eva Perón, a Evita, aos 33 anos, que foi seu grande esteio e articuladora na organização das massas na busca pelos direitos e garantias sociais. Ao mesmo tempo, uma crise econômica, em grande parte induzida por uma ensandecida conspiração das oligarquias, das embaixadas dos Estados Unidos e da grande imprensa, já lhe minava o poder.

Ele, então, teve de deixar o país para não ser morto, mas sua mensagem e seu exemplo se arraigaram de tal maneira no espírito argentino, que, de lá para cá, nenhuma eleição foi decidida sem a sua influência – estivesse ele exilado na Venezuela ou na Espanha ou já sem vida física. E isto, apesar de obsessiva campanha de descrédito e despótica censura à imprensa, onde seu nome foi banido por muitos anos. Entre as acusações de vocação ditatorial e corrupta, Perón era especialmente apodado de fascista, uma pecha terrível na época, porque a queda dos regimes de Mussolini e de Hitler (1945) estavam muito recentes. Na verdade, porém, Perón foi um nacionalista, que, por causa de sua experiência, como adido militar (1937-1940), designado especialmente pelo Exército para estudar o regime na Itália, alertava os empresários de seu país a unir-se ao governo na elaboração de programas sociais, com o fim de evitar que a Argentina caísse nas garras do fascismo ou do comunismo.

No livro *Montoneros, la soberbia armada*[4], o jornalista Pablo Giussiani, acerbo crítico de Perón, lembra que o então coronel, quando voltou da Itália, em 1941 com seus informes sobre a II Guerra Mundial,

[4] *Montoneros, la soberbia armada*, Pablo Giussiani. Editorial Sudamericana. Buenos Aires. 2011. Pgs. 201-219

já então no segundo ano, havia procurado, pessoalmente, os empresários argentinos, para alertar-lhes que o Eixo seria derrotado e que a União Soviética, não os Estados Unidos, seria o grande vitorioso. Isto lhe valeu até, lembra Giussani, uma transferência forçada para a base de Mendoza, por pressão da oficialidade germanófila.

Perón, que era um teórico e conferencista, depois percorreu o país defendendo suas teses, e, em agosto de 1944, fez sua famosa palestra na Bolsa de Comércio de Buenos, meca dos empresários, reunidos na União Industrial Argentina, UIA. Diz Pablo Giusssani: "A Revolução Russa era, para Perón, um acontecimento histórico irreversível, como a Revolução Francesa. E, como essa, só podia ser neutralizada a partir de uma estratégia que levasse, não a destruí-la, mas absorvê-la. O Ocidente deveria adotar diante dela uma doutrina e uma prática de absorção similares às que adotou a Igreja Católica com a *Rerum novarum* de León XIII, diante do cataclismo de 1789". Os empresários, a quem Perón solicitara abrir mão de parte mínima de seus lucros para financiar programas sociais e, assim, evitar os distúrbios que pressentia, lhe fizeram ouvidos surdos. Pior, lançaram-se em conspiração, junto com a embaixada americana, a Sociedade Rural e outros setores oligárquicos para sabotar e finalmente derrubar o governo peronista que se instalaria dois anos depois.

Outros críticos mais extremistas procuram atribuir ideias e até conluio com os nazistas, pelo fato de ele ter autorizado o ingresso no país de fugitivos da Alemanha, como Adolf Eichmann e Joseph Mengele, sem mencionar que Perón visava, na verdade, aproveitar os cientistas corridos da guerra. Estes acabaram fornecendo à Argentina os segredos da bomba atômica, privilégios até então só reservados às superpotências dos Estados Unidos e União Soviética. E os argentinos passaram a deter um *know-how* nuclear, que até hoje lhe rende frutos estratégicos e econômicos. O general acolheu, igualmente, judeus fugitivos, como admite a Jewish Virtual Library, que saudou o fato de o presidente ter reconhecido o Estado de Israel e mais de 40 mil judeus terem emigrado para a Argentina. Por fim, Perón era acusado de restringir a liberdade de expressão, ao mandar fechar o jornal *La Prensa* e fustigar o *La Nación*, sem se mencionar que ambos matutinos tinham sido os principais inspiradores do primeiro golpe de Estado do país, ocorrido em 6 de setembro de 1930. Foi quando os generais derrubaram o presidente nacionalista Hipólito Yrigoyen, iniciando a chamada década infame, caracterizada pela corrupção generalizada e fraudes eleitorais. Não obstante, a Suprema Corte reconheceu, apenas quatro dias depois da irrupção do golpe, Uriburu como presidente de fato, mediante a acordada (jurisprudência) que deu origem à doutrina dos governos de fato, e que seria utilizada para legitimar todos os demais golpes militares a partir de então: 1943, 1955, 1962, 1966, e 1976.

Em 1915, um movimento cívico conseguiu promulgar a lei Sans Peña, que estabeleceu o voto secreto, obrigatório e universal. Quando Yrigoyen foi eleito, em 1916, de acordo com a nova lei, *La Prensa* escreveu um editorial, da lavra de seu proprietário, José Ganza Paz, em que previu "o fracasso" e "a expulsão" do presidente recém-eleito. No governo do general José Félix Uriburu, que durou menos de dois anos, mas foi seguido pelos compinchas golpistas até 1943, *La Prensa* apoiou a "lei Bazán" (primeiro dispara, depois pergunta), que resultou numa série de desaparecimentos de pessoas detidas e assassinadas.

No governo Perón, a atuação de *La Prensa* foi ainda mais desabrida. Duas semanas antes da primeira eleição do general, em 24 de fevereiro de 1946, o jornal abriu cinco páginas para o *Livro Azul*, contendo uma série de ataques pessoais a Perón e um plano de golpe encomendado pelo embaixador dos Estados Unidos, no país, Spruille Braden. Este plano anunciava a consulta de Washington junto aos outros países latino-americanos para uma ocupação militar da Argentina. *La Prensa* ainda se recusou a dar a notícia da eleição do general, por 52,4% dos votos, durante mais de um mês e, na posse, omitiu o nome do novo presidente. Perón tinha respondido à embaixada com a edição do *Livro Azul e Branco* (cores da bandeira nacional) e lançou a consigna "Braden ou Perón!"

A perseguição militar, judicial e midiática e as várias tentativas de proscrição, que causaram muitas outras vítimas fatais e levantes, inclusive militares, não conseguiu eliminar o movimento e seu líder. Pelo contrário, só contribuiu para que seu prestígio crescesse e se disseminasse ainda mais.

Mas, por ser um movimento democrático, popular e aberto, o peronismo passou a ser vítima constante de infiltração por parte, principalmente, daquelas forças econômicas que tentavam eliminá-lo. Eram forças poderosas, envolvendo diretamente os serviços secretos dos Estados Unidos e das potências europeias as quais, muitas vezes, na impossibilidade de inviabilizar, terminavam por descaracterizar as experiências peronistas de governar.

Por causa disso, o projeto de Perón, como sabemos, foi desconsiderado, senão anulado, pelas três administrações peronistas nos intervalos democráticos que permearam as ditaduras: Carlos Menem (de 08/06/1989 a 10/10/1999) e Eduardo Duhalde. O próprio Perón, no seu último e terceiro governo (de 12/10/73 a 01/07/74) não pôde executá-lo, por conta da ação, à testa da qual estava José López Rega e sua Tríplice A. Rega acabou açambarcando, praticamente, toda a gestão Isabelita, que sucedeu o marido no cargo, por um ano e oito meses (de primeiro de julho de1974 a 24 de março de1976).

Perón, com efeito, foi a maior vítima desta sabotagem por dentro, quando, finalmente, voltou ao poder, em 1973, aos 78 anos, e foi eleito presidente (período 12 de outubro de 1973 a 1 de julho de 1974), depois da renúncia do presidente Hector Câmpora e de seu vice Vicente Solano Lima (25 de maio a 13 de julho de 1973), que haviam sido eleitos com o apoio de Perón, para assegurar sua volta à Argentina, ainda proibida pelos militares. O vice eleito na chapa de Perón, foi sua mulher, Maria Estela Martínez, a Isabelita Perón. Seu secretário particular, na última etapa do exílio, em Madri, José López Rega, tinha sido o homem designado para implodir o peronismo dentro do próprio núcleo do poder, a Casa Rosada. Foi ele que, pessoalmente, desatou a caça aos peronistas, inclusive os montoneros, a ala mais à esquerda do movimento, comunistas e esquerdistas de outras tendências.

Foi ele, nomeado ministro do Bem-Estar Social, primeiro por Hector Câmpora e depois por Perón, quem açambarcou e controlou todo o governo, a ponto de nomear e defenestrar ministros, desde que a saúde de Perón começou a se deteriorar. Para se ter uma ideia, o presidente da Câmara dos Deputados, Raúl Lastiri, e presidente da República interino (de 13 de julho a 12 de outubro de 1973), no período que vai da renúncia de Câmpora à posse de Perón, era seu genro. O feito mais emblemático de López Rega foi a criação da Tríplice A, Aliança Anticomunista Argentina, que iniciou a matança generalizada de peronistas de esquerda, a terrível guerra suja, depois intensificada pelo golpe militar do general Rafael Videla, e que produziu cerca de 30 mil mortos. López Rega ainda provou ser homem forte, durante muito tempo depois da queda do governo Isabelita, pelo golpe de Videla, em 1976, vivendo no exterior sob a proteção da CIA. Só caiu, depois de Isabelita ter sido obrigada a demiti-lo do ministério do, em junho de 1975, por um levante popular contra o chamado *rodrigaço*, o choque econômico, no estilo da Escola de Chicago, cujo efeito imediato foi a duplicação dos preços e o desabastecimento generalizado. O plano havia sido conduzido pelo seu protetor e ministro da Economia Celestino Rodríguez, que removeu José Ber Gelbard, o nacionalista designado por Perón para implantar o pacto social, mola-mestra do governo. López Rega, afastado, na época, juntamente com Rodríguez, foi designado embaixador na Espanha, posto em que permaneceu por dois anos, sendo confirmado pela ditadura que derrubou Isabelita, em 1976. Ficou ainda foragido na Suíça e Estados Unidos, país onde foi detido e depois extraditado para Argentina, onde morreu na prisão, em 1989.

As sabotagens continuaram cada vez mais intensas nos anos vindouros, como ocorreu no governo Menem, a partir de 1989. O primeiro presidente eleito peronista, depois da morte de Perón, foi o governador de La Rioja, província pobre situada no norte do país, Carlos Saúl Menem, cuja sagacidade o fez impor-se entre as várias correntes e sagrar-se candidato único do movimento. De corte conservador, Menem prometeu realizar um governo de inclusão social e soberania, ainda que tivesse recebido um país com hiperinflação e caos social, liderado por Raúl Alfonsin, do partido adversário União Cívica Radical.

Carlos Menem, no entanto, descumpriu todas as promessas e entregou-se por completo às forças adversárias, para executar todo o receituário do FMI e do Consenso de Washington, incluindo as privatizações selvagens das potentes empresas estatais deixadas por Perón e que os próprios militares não conseguiram desativar. Por fim, implantou a convertibilidade, uma ruinosa paridade do peso com o dólar, espécie de dolarização forçada, que mandou para as nuvens o montante da dívida do país.

Menem foi ainda mais corrosivo para o peronismo, porque, além desfigurar a proposta histórica do movimento com o seu neoliberalismo predador e com aquela sua defesa de "relações carnais" com os Estados Unidos, manobrou para reter as massas nos *barrios* e *villas*, com esmolas do Banco Mundial, impedindo-as de fazer manifestações, como lembra a jornalista e professora da Universidade de La Plata, Andrea Holgado: "Menem foi a grande desgraça, pois veio para destruir e fracionar os argentinos. É verdade que ele recebeu o país com 50% de inflação ao mês, mas, quando acomodou a situação, através de um pacote do FMI, pôs dinheiro do Banco Mundial nos bairros pobres (*barrios* e *villas*) para que a população não procurasse trabalho e nem fosse pra rua. Foi muito perverso, porque, não só destruiu a economia, como também destruiu a sociedade".

Uma coisa é um programa de governo para a ascensão social das pessoas. O que Menem instaurou foi o programa do Banco Mundial, que eram planos de emergência. Dava comida para famílias de três ou quatro filhos, mas não lhes propiciava trabalho e as retinha nos *barrios*. O resultado foi criar toda uma geração que não sabe o que é trabalho.

Outro resultado foi o descrédito que causou ao movimento, a ponto de possibilitar a vitória, outra vez, de seu maior rival político, a conservadora União Cívico Radical. Ganhou a eleição e sucedeu a Menem o governador da cidade de Buenos Aires, Fernando de la Rúa, outro, igualmente, devorado pela crise econômica e que teve de fugir de helicóptero da Casa Rosada, em dezembro de 2001. O outro tinha sido Raúl Alfonsin (eleito em 1983, depois de derrotar o peronista Ítalo Lúder), beneficiado com a frustração com o último governo de Perón-Isabelita-López Rega, este seguido do golpe militar de Videla, de (1976-1983).

O segundo presidente peronista pós-Perón foi Eduardo Duhalde, ex-vice de Menem, governador e senador pela província de Buenos Aires. Eleito de forma indireta, pelo Congresso, em 2 de janeiro de 2002, em meio ao *estallido* (explosão social) do *corralito*, chegou amarrado por compromissos políticos, fisiológicos, e, o que é pior, com a oligarquia financeira. Esta o obrigou a "federalizar" as dívidas das empresas, principalmente os poderosos grupos de mídia, como o *Clarín* e *La Nación*, dois tradicionais perseguidores e algozes do peronismo.

Néstor Kirchner (2003-2007) foi o terceiro presidente pós-Perón e Cristina a quarta, ela, em dois mandatos (2007-2011 e 2011-2015). Ambos, não se sabe por que golpe de sorte, tiveram forças para blindar seus programas sociais e econômicos, com teor marcadamente peronista, ainda que enfrentassem uma das campanhas midiáticas e judiciais das mais brutais, além de incompreensões e desafios dentro de suas próprias hostes, principalmente as sindicais, em particular no período de Cristina, como se verá, ao longo deste livro.

III
O que fizeram Cristina e Néstor

A ofensiva midiática tentou negar e ofuscar a obra de Cristina e Néstor, mas os fatos resistiram, mesmo em meio à demolição produzida pelos quase quatro anos do governo Macri, daí o prestígio popular da ex-presidenta, que tanto incomoda o capitalismo financeiro. Nunca, desde Perón, o país vizinho experimentaria um período de tantas realizações, das quais participaria todo um povo, inclusive os ricos, mas, em particular, os necessitados. A nova política proporcionou aumento do poder aquisitivo, dignificação dos salários e das aposentadorias, melhoria dos índices de educação, programas sociais de ajuda direta aos mais necessitados, pesquisas e desenvolvimento tecnológico. Para isto, foi necessário tomar medidas corajosas, como a reestruturação da dívida externa, a organização das finanças e do aparato estatal. Algo impensável numa época dominada pelo neoliberalismo, os Kirchner promoveram a reestatização das principais empresas estatais. Não porque fossem estatistas renitentes, mas porque elas se encontravam inadministráveis ou na bancarrota. Empresas que foram criminosamente privatizadas durante o feirão do Governo Menem, como a YPF, a Petrobrás de lá, a Fábrica Militar de Aviões, a Aerolineas Argentinas e a Rede Ferroviária Federal, voltaram a ter novo perfil de eficiência, depois de renacionalizadas.

Comecemos pelo crescimento econômico, com inclusão e justiça social – é bom que se frise –, pois, historicamente, seus efeitos, pelo menos no hemisfério sul, só beneficiavam os setores concentrados. Na

Argentina, houve uma média de crescimento, 7,9% anuais, enquanto o resto do mundo, inclusive, o desenvolvido das grandes potências, rastejava em torno de 3%. A exceção à regra ficava por conta de países com decisiva presença do Estado na economia, como China (10,7%), Índia (9,2%) e Rússia (6,7%).

Tal política logo se refletiu na queda do desemprego, pois eles receberam o país, em 2003, com 25% de desocupados. Entre 2003 e 2011, essa taxa já caía para 7,4%, terminando o período, em 2015, com 5,9%. No total, foram criados cinco milhões de empregos, para uma população economicamente ativa de 24 milhões. Dados da Comissão Econômica para a América Latina e Caribe, CEPAL, citados pela Wikipedia, indicam que a pobreza foi reduzida em 33,8%, ficando em 5,7%, em 2011. A pobreza extrema caiu 7,2 - 1,9%, a segunda mais baixa da região. Os Kirchner ainda dobraram a classe média, em 2009, de 9,3 milhões - 18,6 milhões de pessoas, quase metade da população, segundo relatórios do Banco Mundial.

Nada disso teria sido possível, no entanto, se esses governantes não houvessem estabelecido as linhas mestras de crescimento, com a participação indutora do Estado em conjunto com a iniciativa privada, na contramão do neoliberalismo e da globalização, que empolgavam tantos setores ditos esclarecidos. Tais linhas consistiam, primeiro, na reestruturação da dívida, o que foi obtido através de um acordo com cerca de 76,07% dos credores, no governo Kirchner, em 2003, e 93% no último governo de Cristina, em 2010, só os fundos abutres (*buitres*), que representavam os restantes 7%, recusaram-se a acordar. Segundo, aumento do gasto público com fins de redistribuição de renda. E, terceiro, uma política fiscal e cambial favorável à inversão privada. É importante recordar que, antes da posse de Néstor, em 25 de maio de 2003, o país se encontrava em *default* declarado, com uma dívida superior a 150% do PIB, enquanto as reservas internacionais estavam em 11 bilhões de dólares.

A Wikipédia, que todos consultam, mas nem sempre costumam citar, situa assim o panorama da época: "Durante o seu governo (de Néstor e Cristina), criou 200.000 novas empresas na indústria, comércio e serviços. Desde 2003, o PIB industrial dobrou. Do total das exportações, a produção industrial é a principal. Em 2008, 98% do mercado de telefones móveis foi importado e em 2012, 99% fabricado no país. Durante seu governo, aumentou consideravelmente o valor das reservas internacionais, a Argentina teve, em 2011, com US$ 251 bilhões em ativos estrangeiros, dos quais US$ 46 bilhões são reservas. Nos primeiros seis meses de 2013, a produção de *notebooks* e *netbooks* cresceu 200% em relação a 120% de decodificadores, câmeras de 50%, e equipamentos de ar condicionado industrial de 63%".[5]

Em 2008, estoura a crise econômica mundial, que afetou dramaticamente o chamado mundo desenvolvido e o subdesenvolvido, este ainda mais duramente, por seguirem estritamente as regras do neoliberalismo, consagradas pelo FMI, Banco Mundial e Consenso de Washington. Venezuela, Argentina, Brasil, Bolívia, Uruguai, Equador, Honduras, Nicarágua e Cuba, com seus presidentes progressistas e integracionistas, evitaram o impacto, em grande parte, devido a programas econômicos baseados na força econômica voltada para o desenvolvimento com justiça social.

Na Argentina, o país até chegou, em certo momento, a se beneficiar da crise, devido ao aumento que a crise provocou no preço das *commodities*. Houve, neste meio tempo, o *lockout* do campo, deflagrado pelos produtores de soja e trigo, contrariados com o aumento das retenções (taxas sobre os lucros da exportação), de 25% para 35%. Foram 129 dias, de 11 de março a 18 de julho de 2008, de paralisação e distúrbios, chegando a provocar o desabastecimento da população, na base de um boicote generalizado, com cortes de estradas. Tinha o forte patrocínio e orientação dos grandes produtores, em associação com a mídia hegemônica e os setores mais influentes das oligarquias agrária e urbana.

[5] https://pt.wikipedia.org/wiki/Cristina_Kirchner

Cristina perdeu a queda de braço, numa votação decisiva do Congresso, devido à cooptação, pelos setores fáticos, de seu vice-presidente, Julio Cobos, que deu o voto de desempate, como presidente do Senado. Não obstante, a presidenta conseguiu mobilizar todo o país para enfrentar o desastre econômico mundial, dizem que só semelhante ao da crise de 1929, se desembarcasse por lá.

Cristina foi à ONU, em 23 de setembro, durante a 63ª Assembleia Geral, denominou a crise como o Efeito Jazz e questionou os "gurus econômicos" que defendiam o modelo econômico estadunidense e criticavam as medidas anti-crise tomadas pelos presidentes Eduardo Duhalde e Néstor Kirchner.

Ela uniria outra vez o país, em 26 de novembro quando anunciou o plano anticrise, para o qual contou com o apoio das duas centrais sindicais (CGT e CTA), pela União Industrial Argentina, que agrupa os empresários industriais, e pela CONINAGRO, que agrupa as cooperativas rurais. Eram seus pontos principais:

Criação do Ministério de Produção.

Pacote anti-crise integrado por três ferramentas: moratória tributária e redução de retenções para o agronegócio, promoção do trabalho registrado; repatriação de capitais.

Créditos públicos de fomento à produção e ao consumo. Com uma cotação de 13,200 milhões de pesos (USD 4,400 milhões), destinados a juros baixos. Os recursos foram destinados para os seguintes produtos: geladeiras e outros bens de uso doméstico (3,500 milhões), carros (3,000 milhões), pequenas e médias empresas (3,000 milhões), indústria (1,250 milhões), caminhões (650 milhões).

Planos de obras públicas.

O país chegava, assim, no ponto para a reconstrução, a começar pela reindustrialização, setor muito castigado por quase 50 anos de políticas econômicas desastradas das ditaduras militares e dos governos civis, que seguiram às cegas os ditames do FMI, consubstanciados no neoliberalismo mais xiita. O jornalista Miguel Núñez, que foi porta-voz da Casa Rosada em todo o período de Néstor e dois anos, no de

Cristina, recorda que, em 2003, quando os dois chegaram, a instituição presidencial estava muito debilitada, por causa da descrença generalizada que havia culminado com o *corralito*, dois anos antes. Era a época do "*¡Que se vayan todos!*", o grito de guerra dos argentinos que depois varreria o mundo, sobretudo com a quebra de 2008, no resto do planeta[6], e que em português pode significar "Todos pra fora!":

"Néstor necessitava reconstruir este poder com sua simplicidade de homem do interior e que se traduzia por um de seus lemas de campanha "Sou um homem normal" (não um gênio). Na época, os políticos não podiam caminhar nas ruas e ficavam enclausurados no Parlamento, não podiam entrar e nem sair, sob pena de serem apupados. E o que ele fez? "Tentou adotar políticas corretas para retomar uma prática de crescimento e sair do *default*, pois a dívida externa comprometia 60% do PIB (hoje, com Macri, essa loucura chega a quase 100%), 25% de desemprego, 50% de pobreza", disse Núñez, em entrevista ao autor, lembrando que, quatro anos e meio depois, ele passou o governo a Cristina com o país estabilizado e já em crescimento significativo. Com isso, ela pôde realizar uma política econômica, financeira e social, que nos permitiu unir-nos como sociedade, inclusive com voos mais altos com aqueles seus programas de restaurar a escola pública e gratuita, uma marca de Perón, que havia sido relegada, a reindustrialização e um programa científico e tecnológico que nos inserisse nesse novo mundo da internet:

---

6 "*¡Que se vayan todos!*" O grito de guerra da Argentina do *corralito* de 2002, "é a nova consigna global". Assim, em castelhano, intitulou *The Guardian*, há poucos dias, numa coluna de opinião de Naomi Klein, intelectual antiglobalização e autora dos *best sellers No Logo* e o muito recomendável "*A doutrina do Choque: a ascensão do capitalismo de desastre*". Em seu artigo, reproduzido na internet, tanto em páginas cristinistas como anarquistas, Klein afirma que "da Islândia até Letônia, passando pela Coreia do Sul e Grécia, o resto do mundo está chegando à mesma conclusão: *¡Que se vayan todos!*". (https://www.elconfidencial.com/mercados/finanzas-personales/2009-02-15/que-se-vayan-todos_802242/)

"Então, as pessoas tinham voltado a acreditar na política e já se engajava nos esforços governamentais, quando, de súbito, rebenta mais uma onda neoliberal, que nos ameaça a todos, argentinos, latinos..."

IV
Industrialização e reconstrução

O NEOLIBERALISMO CASTIGOU DURAMENTE OS PAÍSES DA CHAMADA periferia, inclusive alguns da Europa, mas foi cruel com a Argentina. Iniciou-se, na prática, em 1955, depois da deposição do presidente Juan Domingo Perón, com o desmantelo das realizações econômicas, sociais e culturais. E foi particularmente lesivo, não apenas nas ditaduras, mas igualmente nos governos civis, em particular nos períodos de Carlos Menem (1989-1999) e Fernando de la Rúa (1999-2001).

Ao assumir o poder em 2003, Néstor Kirchner encontrou um país devastado, com a indústria sucateada em 80%, a educação em completo abandono, o mesmo acontecendo com a saúde, a habitação e o transporte.

Com uma política focada na criação de emprego e na melhoria dos salários, os Kirchner não descuidaram da tecnologia, outro calcanhar de Aquiles daquela argentina arrebentada, e lançaram-se a um programa amplo de recuperação, inclusive reestatizando quatro grandes estatais: YPF, Aerolineas, Rede Ferroviária Sarmento e Fábrica Militar de Aviões. Na tecnologia, apelou para a comunidade científica, valendo-se da histórica experiência do CONICET, Conselho Nacional de Pesquisas Científicas e Técnicas, fundado em 1951.

Quando Cristina foi eleita, em 2007, uma de suas primeiras medidas foi a criação do ministério da Ciência, Tecnologia e Inovação Produtiva, tendo como ministro o biólogo molecular Lino Barañao. Paralelamente, instalava um polo científico tecnológico em Buenos Aires, integrado de três institutos: Ciências Sociais e Humanas, Ciências Biomédicas e Ciências Exatas e Tecnológicas.

Outros dados apontados pela Wikipedia: O fortalecimento do CONICET, importante centro de pesquisas, foi outro alvo das políticas governamentais, ao incorporar mais de 8 mil pessoas, aumentando em 93,2% seu pessoal. A quantidade de investigações em 2003 era de 3.804, número que subiu para 6.350 em 2010. Em 2010, os salários dos pesquisadores foi de $10.894 e dos estagiários de $5.164, isto representa um aumento maior que 500%. Nesta área também se sobressai a criação, em meados de 2011, da Tecnópoles, uma megamostra localizada em Vila Martelli, em Buenos Aires.

O governo ainda se lançou a voos não admissíveis naquela era já dominada pelo neoliberalismo, ao reestatizar pelo menos três grandes empresas: a Fábrica Militar de Aviões (FMA), a Aerolineas Argentinas, a YPF, a importante empresa de petróleo, e a Rede Ferroviária (Ferrocarril) Domingo Sarmiento, todas privatizadas no governo Carlos Menem, com graves prejuízos, não só para o Estado, como também para a população, que se viu presa nos interesses de lucros das companhias multinacionais e o consequente aumento dos preços e deterioração dos serviços.

As reestatizações começaram em 2009, com o projeto contemplando a Fábrica Militar de Aviões, empresa pioneira da América Latina, criada em 1927 e privatizada em 1995. Em 2008, recuperou o controle da Aerolineas Argentinas e da Austral Lineas Aereas, em acordo com o grupo Interinvest. A Aerolineas vinha sofrendo graves prejuízos, chegando a perder mais da metade da sua frota, com sua constante troca de donos, começando com a Ibéria e depois a Marsans.

Em 2012, lei aprovada pelo Congresso desapropriou 51% das ações da YPF que estavam sob controle da espanhola Repsol, responsável pela companhia durante o governo de Carlos Menem (1989-1999). O governo alegou que o "objetivo prioritário" da medida é garantir a autossuficiência do país em abastecimento de petróleo e gás, uma vez que a Repsol era acusada de não fazer os investimentos necessários para aumentar a oferta, além de supostamente ter praticado manipulação de preços dos combustíveis.

Em 2013, foi a vez da reestatização da Ferrocarril Domingo Faustino Sarmiento. E acabou se transformando numa das grandes obras do período Kirchner, já que reestruturou, ampliou e renovou, com modernos trens chineses a antes raquítica e alquebrada malha ferroviária do país.

A internet constituiu outra prioridade do governo, com a instalação de 25.000 quilômetros de fibra óptica. Com isto, foi possível implementar a lei de promoção de *software* argentino, com o objetivo de fortalecer o desenvolvimento nacional, aumentando o emprego qualificado, as exportações de alta tecnologia e a promoção da pesquisa científica, tornando o país o maior exportador de *software* na América Latina e o terceiro do mundo em exportação de conteúdo audiovisual.

A educação recebeu, igualmente, os cuidados oficiais. A Argentina era vista até a época de Perón como um país culto e letrado, principalmente quando comparado com o Brasil. Gigante do continente latino-americano, nosso país apresentava um quadro desolador em matéria de educação, quando o índice de analfabetos era enorme enquanto o argentino era em torno de 5%.

Com a queda de Perón, em 1955, esta excelência educacional foi declinando, devido ao descaso dos novos governantes, mais comprometidos com as finanças internacionais, até chegar a uma situação desesperadora na crise de 2001, com a debacle do neoliberalismo.

Néstor Kirchner recebe um ensino sucateado pela falta de investimentos e mesmo de manutenção das escolas existentes. Para se ter uma ideia, não se construía uma universidade havia mais de 30 anos e apenas sete escolas públicas de nível médio e primário foram levantadas desde 1989.

Para estancar a sangria, os Kirchner lançaram-se a uma remodelação completa do ensino para equipá-lo e adaptá-lo à nova era da informação. Para isto foram modificados conceitos, prioridades e metas com vistas à inserção do país na nova idade do conhecimento.

Ao final de 10 anos de período Kirchner, um informe governamental[7] mostra a construção de 1.742 escolas, um recorde se comparado com apenas sete unidades no período de 1989-2002, sendo que, entre 2000 e 2002, não foi construída nenhuma escola. Neste período foram criadas nove universidades, distribuídas por todo o país: Universidad Nacional Arturo Jauretche, Universidad Nacional de Avellaneda, Universidad Nacional del Chaco Austral, Universidad Nacional de José C. Paz, Universidad Nacional de Moreno, Universidad Nacional de Río Negro, Universidad Nacional de Tierra del Fuego, Universidad Nacional de Villa Mercedes e Universidad Nacional del Oeste. Outras oito seriam construídas até o final do mandato, em 2015. Por outro lado, o Programa Conectar Igualdade entregou três milhões de *laptops* para alunos e docentes de escolas médias, de um total de cerca de cinco milhões que se completariam em 2015.

Maria Del Carmen Iglesias, professora filiada ao Sindicato dos Trabalhadores da Educação da província de Buenos Aires, recorda que, quando Néstor Kirchner chegou ao governo, em 2003, os professores da província de Entre Rios, estavam sem receber salários havia mais de três meses, e eram também três meses em que não havia aula, com um sistema educativo fracionado, sem nenhuma organicidade. Em 48 horas, depois de assumir, o presidente viaja a Entre Rios para fazer o pagamento: "Era um gesto que já tinha muita força por si só. Isto levou nosso sindicato a trabalhar em uma nova legislação, juntamente com o governo, que redundou na Lei Nacional de Educação" explica Iglesias que ainda se referiu, a outras normas, como a de financiamento

7 https://www.cfkargentina.com/acciones-politicas-universitarias-2003-2013/

educativo, que aumentou o percentual da educação no PIB, de 2% para 6,4%. Houve ainda aumento substancial dos salários, que antes não podiam ser alterados, por causa da política de convertibilidade, que atava o peso ao dólar. Lembrou, finalmente, que a construção e reformas massivas de escolas, em todos os níveis, permitiu que a Argentina voltasse aos poucos a resgatar seu antigo perfil de país com maior número de escolas públicas gratuitas.

V
Os fantasmas de fim de ano

AQUI, NOVAMENTE, É IMPORTANTE VOLTAR A 2012, PARA RECORDAR que nem tudo eram flores no intenso período kirchnerista. Dezembro, como sabemos, é um mês naturalmente revolto, em qualquer sociedade ocidental. Na Argentina, é um pouquinho pior, pois é quando atrai e faz convergir todo tipo de perturbação, pessoal ou coletiva. Um calor inclemente, o trânsito tresloucado, o frenesi das compras e o preparo das festas de fim de ano, tudo conspira contra o sossego. A época se presta, então, às mais desatinadas manobras políticas, em particular aquelas voltadas para a desestabilização dos governos de turno.

Por causa da comoção de dezembro de 2001, que redundou no colapso de cinco presidentes da República, em menos de um mês, e mergulhou o país na sua mais funda depressão, os laboratórios de crise passaram a jogar as fichas, sistematicamente, na reprodução sucessiva do episódio, em uma espécie de mantra dezembrino. Foi assim em 2012 e também em 2014, tudo indicando que seguiria no mesmo diapasão nos anos vindouros.

Aqui, porém, há um caldo de cultura a diferenciar. Naquela época do governo Fernando de la Rúa, o país se viu de repente sem rumo nem perspectiva. Tudo se desmoronava: a moeda se dissolvendo, o governo sequestrando as contas bancárias dos correntistas (*el corralito*), o desemprego rondando os 25% e a miséria se aproximando da estratosférica taxa de 60%. Havia ainda a fragilidade e o aturdimento do presidente da República, que acabou fugindo do palácio num helicóptero, no meio do mandato para o qual fora eleito, forjando uma cena emblemática daqueles dias infames.

Em apenas doze dias, o país mergulhava em agitações de rua seguidas de saques e depredações em supermercados, lojas, bancos e repartições públicas, causando a morte de 30 pessoas.

Fernando de la Rúa, ex-governador da cidade de Buenos Aires e membro da União Cívica Radical, tradicional partido opositor do peronismo, tinha sido eleito para um mandato de quatro anos mas se viu sem chão e renunciou depois de apenas 2 anos e 11 dias no cargo. Sua eleição foi apoiada por muitos setores progressistas latino-americanos (acompanhei Leonel Brizola na reunião da Internacional Socialista, convocada especialmente para a ocasião, em Buenos Aires), que receavam a continuidade da política ultra neoliberal de Carlos Menem, o peronista em final de governo, que tinha sido cooptado pelo *establishment*.

A queda de De la Rúa originaria uma crise sucessória. É que o vice-presidente Carlos Chacho Álvarez, companheiro de chapa de De la Rúa, tinha renunciado, um ano e dois meses antes, em 6 de outubro de 2000, denunciando corrupção no governo. Assumiu, então, o primeiro na linha sucessória, no caso, o presidente interino do Senado (lá, o presidente efetivo desta casa é o ocupante do cargo de vice-presidente da república), Ramón Puerta, que organiza uma eleição indireta (pelo Congresso) do então governador da província de São Luís, Adolfo Rodríguez Saá. Todos eles militavam no peronismo. Saá renuncia sete dias depois de assumir, alegando falta de apoio político, sobretudo dos governadores, para sustentar seu programa. A presidência retornaria a Ramón Puerta, mas este se recusa a aceitar a incumbência, novamente, passando a bola ao segundo na linha sucessória, no caso o presidente da Câmara, o peronista Eduardo Camaño. Camaño procede então à nova eleição indireta, desta vez sufragando o senador Eduardo Duhalde, um peronista assimilável pela elite econômica. Duhalde, finalmente, consegue completar o mandato de Fernando de la Rúa, em 25 de maio de 2003, quando entrega o poder ao presidente eleito pelo povo Néstor Kirchner.

Uma situação, portanto, bem distinta da que se verificava nos anos 2012-2013. Segundo presidente eleito democraticamente (o primeiro tinha sido o marido Néstor Kirchner) depois do *estallido* de 2001, Cristina governava um país estável e em crescimento, havia seis anos. Na época, o desemprego já tinha despencado de 25% para 7%, a miséria, de 54%, refluia aos 20%; o peso, a moeda local, apesar dos eventuais sobressaltos, mantinha-se relativamente estável. Olimpicamente, a economia teimava em crescer, em meio às turbulências da crise mundial de 2008, enquanto o programa de reindustrialização tornava o país mais produtivo e menos vulnerável à vulnerabilidade externa. O argentino, por fim, não precisava se preocupar com a sua conta no banco, porque o governo já começara, inclusive, a pagar o *corralito* de Cavallo e De la Rúa.

Mas estes avanços palpáveis não bastavam para impedir os surtos insurrecionais, como seria de se imaginar. Antes, os impulsionaram. Havia que exterminar as conquistas sociais e econômicas, segundo um entendimento superior que pairava sobre as instituições: o *status quo* se sentia diretamente afetado pela perda de velhos e arraigados privilégios.

É que os avanços sociais, até aí obtidos, no mínimo, atentavam contra os interesses das forças poderosas que moviam o sistema de mercado. Estes viam seus altos negócios afetados pela diminuição dos lucros e a concorrência de empreendimentos estatais, em prejuízo da iniciativa privada. Situação que era também favorecida pela política de integração regional que privilegiava o conteúdo nacional nas obras públicas, em detrimento das empresas transnacionais, principalmente norte-americanas, tradicionalmente donas do pedaço.

Eram as mesmas forças reacionárias de sempre, cada vez mais determinadas a continuar submetendo o país, a qualquer custo, ao fracassado modelo neoliberal. Com isso, pretendiam assegurar a continuidade e perenização dos privilégios atávicos que desfrutavam há mais de 200 anos. Era também para prevenir qualquer tipo de experiência nacionalista que viesse a dar o "mau exemplo" aos outros povos subjugados.

Neste propósito, não hesitavam em provocar a conflagração, seja acionando um noticiário antagonista e desestabilizador, a partir dos setores concentrados da informação a eles filiadas, seja pela fomentação de greves, distúrbios, sabotagem econômica, explosões contra redes elétricas, desastres de trens, disrupção do comércio, entre outros.

Todas as arremetidas golpistas, porém, esbarravam na férrea resolução da viúva de Néstor Kirchner na Rosada. Na verdade, sua candidatura a presidente, como se verá adiante tinha sido vetada, expressa e diretamente, pelos dirigentes midiáticos junto ao marido e presidente, durante as consultas para a indicação do postulante governista à sucessão de 2007. Pensavam que teriam êxito como seus antecessores, em 1952, quando o general Perón se viu impossibilitado em indicar a esposa e líder popular Evita. Era o mesmo temor à força e à firmeza de caráter de uma mulher no comando do país.

Cristina Kirchner, não era apenas a primeira dama, mas a companheira e cúmplice de um projeto de nação, juntamente com um coletivo de lideranças, que já tinha provado sua capacidade, não só de governar como de vencer a crise e fazer o país crescer com inclusão, inclusive com taxas chinesas de desenvolvimento.

Ela já tinha demonstrado firmeza e mão de ferro na crise do campo, esta talvez a crise mais truculenta e prolongada que lhe pespegaram. Arrostando as ameaças e chantagens de todo tipo, Cristina domou a insurreição dos ruralistas, que, literalmente, paralisou o país durante intermináveis quatro meses de incêndios de pastagens, cortes de estradas e derrame de leite. Foi quando o país chegou à beira do desabastecimento.

O que era aquilo, uma insurgência contra o modelo de inclusão e crescimento social moldado pelo casal Kirchner? Nesse modelo, o governo se voltava para atender à ingente massa de marginalizados. Para isso, era necessário repartir os lucros bilionários dos magnatas da soja e outras *commodities*, favorecidos na época pela imensa demanda internacional.

Com este fim, Cristina, alterou a tributação de forma que os impostos variassem segundo o preço internacional dos produtos – se ganhassem mais, pagavam mais imposto, se ganhassem menos, pagavam menos impostos. Ora, mas isso era uma heresia para as oligarquias, rurais e urbanas, que jamais haviam sido atingidas em seus privilégios seculares.

Daí que os grandes produtores de grãos, sempre sedentos de mais e mais lucros, tiveram o respaldo uníssono dos setores concentrados, sobretudo os meios de comunicação, também seus sócios no agronegócio. A eles se aliaram os sindicalistas e os próprios peronistas conservadores, resultando em cinco greves e 4.000 bloqueios de estrada.

Seguiram-se outros conflitos menores mas de alta octanagem política, como a rebelião do presidente do Banco Central, em 2009, que se recusou a acatar um decreto-lei (DNU) de utilizar as reservas monetárias para o pagamento da dívida. Conluiado com os bancos, multinacionais e outras organizações concentradas que controlam e manipulam a mídia, e amparado pela justiça e setores influentes do legislativo, Martín Redrado, demitido por Cristina depois de impugnar muitos atos da presidenta, inclusive, aqueles aprovados com grande maioria pelas duas casas do Parlamento, a Câmara de Deputados e o Senado.

A autoridade, a firmeza e a *expertise* de advogada militante de Cristina em lidar com essas questões, contornaram a rebelião judicial, fazendo valer seu decreto de demissão do presidente do Banco Central. Martín Redrado, era um daqueles rapazes intocáveis da mídia em que ninguém poderia mexer. Tanto é que chegou a postular-se como candidato presidencial, por causa daquela sublevação. Mas teve de ir para casa, devolver o comando e a administração do BC à esfera presidencial de Cristina e recolher-se ao ostracismo depois de uma derrota fragorosa como candidato a deputado nacional. E não se falou mais na tal independência ou autonomia do Banco Central.

VI
Dezembro, quando tudo parecia explodir

Retomando mais uma vez o fatídico dezembro de 2013, havia a agravante de ter a presidenta passado recentemente por grave cirurgia, para retirar um coágulo intracraniano. O fato a obrigou a observar repouso absoluto e uma longa convalescença de mais de um mês, na Clínica Favaloro, no centro de Buenos Aires. Os boletins médicos advertiam para os riscos de vida que corria. A mídia fazia alarde deles, no intuito de dar uma sensação de vazio ou abandono de poder.

Internada num quarto de hospital, silenciosa e aparentemente distante de tudo e de todos, Cristina, entretanto, agia discreta e decisivamente. Naquele interlúdio, acabou ocorrendo uma nova tragédia, num dos trens interurbanos da capital. Como das duas vezes anteriores, o fato é trombeteado como sintomas de desgoverno e descaso com a população pobre usuária. Num espaço de 20 meses, como se verá em capítulo específico deste livro, houve 55 mortos e mais de mil resultavam feridos.

Aquela terceira tragédia acontecia, providencialmente, a oito dias da eleição de meio termo do Congresso, para eleger metade da Câmara de Deputados e um terço do Senado. A empresa de trens era a mesmíssima das outras duas tragédias anteriores, a Ferrocarril Domingo Faustino Sarmiento, que havia sido privatizada no feirão do governo Menem, no início dos anos 1990.

Um detalhe da investigação do terceiro desastre não passou desapercebido: a gravação da câmera de segurança flagrou o maquinista Julio Benítez roubando o *hard disk*, contendo os vídeos que filmaram cada lance do acidente. Estava aí uma prova contundente da natureza, no mínimo suspeita do acidente, mas a justiça, agora já firmemente engajada no judicialismo, dormia serenamente sobre o processo.

Isso não deixou Cristina de braços cruzados. Mesmo presa ao leito hospitalar e com estrictas recomendações médicas de evitar preocupações, não pestanejou: mandou reestatizar a empresa. A medida caracterizava um daqueles atos típicamente *cristinianos*, em que a presidenta agia sem aparecer. Lembremos que ela convalescia na Clínica Favaloro e a estatização se consumou, ali mesmo, no leito hospitalar, apesar da grita geral do poderoso mercado e sua mídia onipresente. E acabou se transformando numa das grandes obras do período Kirchner, já que reestruturou, ampliou e renovou, com modernos trens chineses a antes raquítica e alquebrada malha ferroviária do país. Não importava que fosse vista como uma heresia naqueles tempos de louvação ao que nós brasileiros chamamos de privataria.

Ainda para ficar na Favaloro, recordemos que as digitais de Cristina, igualmente, eram constatadas na formatação dos atos públicos do 17 de Outubro, o Dia da Lealdade Peronista, e do comício de final de campanha da Frente para a Vitória, a coalizão governista, ainda que não prevenisse de todo a derrota eleitoral que se prenunciava.

Longe, fisicamente, da campanha, onde sempre tinha presença marcante, a presidenta sofreria fragoroso revés naquela eleição, ainda que conservasse a maioria no Congresso. Perdia, porém – aqui, um dado fundamental –, a maioria qualificada de dois terços dos deputados e senadores exigidos para aprovar emenda permitindo uma nova reeleição presidencial. Como já tinha sido reeleita uma vez, não podia concorrer a um terceiro mandato. Os inimigos viram ali o início do fim do governo e do projeto kirchnerista.

Cristina, no entanto, governaria, a 100%, até o último dia de seu mandato, em 9 de dezembro de 2015. Suas ações resolutas na Casa Rosada não deram o gostinho aos inimigos do vácuo de poder do presidente em final de mandato, que os americanos costumam chamar de pato manco, ou *pato rengo*, como se diz entre os portenhos. Não foi bem assim, porque Cristina continuaria no comando absoluto do governo, como o fez desde o primeiro dia da ascensão à Casa Rosada.

Pela última vez, rememoremos o dezembro de 2013, porque os símbolos são muito potentes e tendem a estabelecer paradigmas futuros. Enfurecidos e atiçados pela ofensiva midiática contra o governo, alguns moradores partiram para o bloqueio das ruas principais, incendiando pneus e alguns bens públicos, o que gerava tumulto e desespero no tráfico. Buenos Aires, pode-se dizer sem risco de exageros, ardia em chamas.

Era o cenário ideal para novas comparações com 2001. Só as comparações, porque, na realidade, não se configurou uma explosão (*estallido*) popular. Por falta de consistência, esta segunda *mala copia* não obteve a comoção que pretendeu, nem estofo para derrocar ou mesmo abalar o poder da presidenta. Então no sexto ano de governo. O potencial de desestabilização da ofensiva midiática dava com os burros n' água, ainda que resultasse altamente danoso para a administração e o cotidiano do argentino. Era só um episódio a mais, com maior alarido, convenhamos, pois havia pouco tempo, outras arremetidas tentaram, sem sucesso, abalar e infernizar o governo.

Numa escalada orgiástica e acionando seus tentáculos internacionais, a sabotagem direitista já tinha feito alguns estardalhaços que poderiam sugerir uma presidenta no mínimo desestabilizada: apreensão da fragata *Liberdad*, garboso barco da Marinha, na distante Ghana, explosões de redes e sabotagem elétrica, causando apagões por quase todo o país, a sentença de um juiz de Nova York obrigando o governo a pagar mais de US$ 3 bilhões aos chamados fundos abutres (*buitres*), o cacerclaço anti-governista de 8 de novembro, que levou quase um milhão às ruas, a greve geral do dia 10 de dezembro, os saques pré-natalinos, e, por último, uma greve dos bancários, em 28 de dezembro. O ano de 2012 havia registrado 4.897 piquetes em estradas e avenidas – um aumento de 52,36% em comparação com 2011.

Paciente e estoicamente, mas determinada e destemida, demonstrando raro descortino, Cristina parecia determinada a cumprir seu papel, qualquer que fosse o tamanho da tormenta que se avizinhasse.

VII
Mobilização por um modelo nacional

A REAÇÃO DOS SISTEMAS DE DOMINAÇÃO AO MOVIMENTO INTEGRAcionista desencadeado por Hugo Chávez, em 1999, demorou 16 anos. Mas, quando veio, abateu-se de forma implacável e truculenta. Tinha sido, longa e pacientemente, gestada nos laboratórios mais sofisticados de Washington. Veio em cima, justamente, dos países-cabeça da América do Sul: Argentina e Brasil. Antes, países menos estratégicos, como Honduras (209) e Paraguai (2012) já haviam sido sacrificados, sem, contudo, alterar a dinâmica. Apenas a Venezuela de Chávez e Maduro, depois de resistir, bravamente, como Cuba, esta, desde 1959, a inúmeras conjuras militares e midiáticas, conseguia safar-se do vendaval. Acrescente-se, neste interlúdio, também a Bolívia, menos visada, mas que, sob a liderança do primeiro presidente originário, Evo Morales, no poder, desde 2008, chegou a dominar uma ameaça de secessão do país, na crise de Santa Cruz, em 2008.

Naquela grande ofensiva, a primeira tacada vitimou a Argentina, com a conjura midiático-judicial e a derrama de dinheiro, na eleição de 2015, que levou o empresário neoliberal Maurício Macri à presidência. A segunda tombou o Brasil, com a deposição, em 2016, da presidenta Dilma Rousseff, executada pela mesma combinação de mídia e justiça.

Já era hora. Perguntava-se por que os regimes populares-democráticos, trazidos pelo novo milênio, conseguiram se manter tanto tempo, a despeito de altamente contestados e sabotados pelos chamados poderes fáticos – mídia, bancos, multinacionais, ONGs, fundações americanas e europeias etc.

A demora na reação da metrópole contrastava com aquelas dos períodos de Getúlio Vargas e Goulart, no Brasil; Perón, na Argentina; Lázaro Cárdenas, no México, todos derrubados quase com golpes de mão. A explicação poderia estar na nova dinâmica desses governos populares, estribados que estavam em projetos nacionais e democráticos, e que contavam com uma militância política orgânica e uma meta definida de integração regional, e também, planetária. Tal estratégia – e aí é importante frisar – era, articulada com outros países emergentes, mas com poder de fogo – era o caso dos árabes do petróleo, a China da tecnologia e a Rússia das armas. Tais países acabaram funcionando como salvaguardas cruciais para sufocar as repetidas sublevações, sempre, estimuladas e patrocinadas pelos Estados Unidos.

Na Argentina, não foi diferente, e talvez tenha sido a tradição da resistência peronista a principal avalista de 12 anos e meio da era Kirchner. Era uma resistência calcada numa intensa mobilização, propiciada pelos nove anos dos primeiros governos de Perón (1946-1955) e da organização popular dos 17 anos de exílio do general.

Ambos ardentes peronistas, Néstor e Cristina, reuniram forças, ideias e princípios desde os bancos universitários, em La Plata, onde nasceu Cristina e estudou Néstor – quando se conheceram, em 1974 –, para chegarem ao poder em 25 de maio de 2003. Foram anos de correria, perseguição, desenganos, frustrações, mas também de discernimento e construção.

Tangidos de La Plata pela repressão desatada no final do governo de Isabelita Perón (1974-1976), então dominado pelo bruxo López Rega, e, logo em seguida, pela ditadura de Jorge Videla, o casal de ativistas tomaria um caminho atípico em relação aos outros companheiros laplatenses, os quais, como o restante das esquerdas do país, ou aderiram à luta armada ou abandonaram a militância.

Na capital, San Gallegos, terra natal dos Kirchner e situada a dois mil quilômetros de La Plata, eles se instalaram na casa dos pais de Néstor. De pronto, enfrentaram os desafios da vida prática de um casal comum: tentar a sobrevivência financeira e ter filhos. Na época, a Argentina vivia os tempos turbulentos das perseguições políticas da ditadura e da depressão econômica, contestada por uma ruidosa resistência da esquerda armada, de que os Montoneros eram os mais ousados.

Na verdade, não havia muito o que fazer, politicamente, a não ser armar estruturas para o futuro pessoal. O massacre da esquerda armada, logo seguido do advento do neoliberalismo, daria lugar a uma feérica globalização. A televisão colorida, que então surgia, logo empolgaria as multidões. O futebol e o consumismo desenfreado, instalariam um período de alienação e de anti-política, que vararia outras décadas.

No caso dos Kirchner, estes eram ainda particularmente favorecidos pelo forte sentimento peronista de integração e justiça social, que impregnava os argentinos desde a brutal derrocada do projeto de nação do general Juan Domingo Perón, em 1955.

Nenhuma ditadura ou investida neoliberal conseguiu apagar da memória argentina os benefícios daquele profícuo período de nove anos: as políticas sociais, com a inclusão de milhões de pessoas, os salários valorizados, a industrialização, as melhorias na educação, a formação de cientistas, a arrancada econômica e a afirmação como um país produtor, longe do perfil agroexportador retrógrado e elitista que tinha até ali prevalecido.

Ainda mais porque a chamada "revolução libertadora" responsável pela queda de Perón, que tinha como lema o que alegava ser livrar o país da ditadura peronista e restaurar o que chamava de valores democráticos, redundou em carnificina, perseguição política, arrocho salarial, marginalização e fome de grandes segmentos da população.

Mesmo assim, os tempos, eram difíceis, porque o sistema de cooptação das lideranças peronistas, como aconteceu no governo Menem, um peronista pinçado pela oligarquia para fazer a razia das privatizações, as novidades da globalização, as promessas de riqueza fácil e as aventuras na bolsa, afastavam os jovens dos ideais mais nobres de justiça e de soberania nacional.

Daí, a necessidade de atrair e aglutinar jovens, tradicionalmente abnegados no trabalho social nos bairros da periferia, com um programa factível, o que só seria possível pela via eleitoral. Foi por aí que se embrenharam Néstor e Cristina com uma proposta de educação, saúde pública e de solidarismo.

Nessa época, o tenente-coronel Hugo Chávez, com seu Movimento Bolivariano, que já arrastava milhares de jovens militares e civis, ainda sonhava com a revolução armada. Chegou a comandar uma insurreição militar contra o regime neoliberal, na época chefiado por Carlos Andrés Pérez, mas fracassou neste primeiro intento, ainda que ali tenha plantado as bases nacionais de seu projeto. Pouco depois, Chávez se converteria à via eleitoral, pela qual se elegeu presidente da República, em 1998, com 54% dos votos.

Na verdade, com a redescoberta dessa via, já se poderia visualizar a revolução pelo voto, desde que a partir de um movimento orgânico, solidamente inserido na população e sempre com vistas a uma integração continental, sem o que, qualquer projeto soberano teria vida curta. Era aí onde se instalariam Néstor e Cristina.

VIII
Um projeto de juventude

NÉSTOR KIRCHNER ASSUMIU O GOVERNO NACIONAL, EM 25 DE MAIO de 2003, depois de ter sido prefeito de Rio Gallegos e governador da província de Santa Cruz.

Naquele momento, o presidente Hugo Chávez já tinha sofrido o Golpe de Abril de 2002, na Venezuela, e acabara de sobreviver a um *lockout* de 63 dias, que quase o derruba outra vez. No Brasil, o operário Luís Inácio Lula da Silva, empossado em primeiro de janeiro de 2011, se comprometia a respeitar a política monetária e os contratos internacionais, assinados pelo antecessor durante as privatizações das grandes estatais da energia, telecomunicações e mineradoras, bancos estaduais etc.

Não obstante essas contingências, a atmosfera se descortinava promissora para as forças progressistas, porque se tornava cada vez mais evidente o fracasso das políticas neoliberais, que dominaram o continente nas últimas duas décadas. Era preciso, entretanto, muito tato e cautela com os discursos para não assustar o *establishment* conservador, que ainda dominava com mão de ferro a opinião, pelo controle cerrado que detinha da mídia e dos meios de produção em geral. Ciente disso, o candidato revolucionário Chávez, por exemplo, centrou suas consignas no combate à corrupção, um tema do agrado das elites e com penetração nas classes populares. Já Lula comandava uma campanha amena na base do *Lulinha, paz e amor*. Néstor Kirchner também embarcava na toada da anti-corrupção e no seu legado de bom administrador.

O político patagônico desfrutava de boas credenciais e de baixas taxas de rejeição, inclusive porque era pouco conhecido nacionalmente. Era tido como um governador progressista que havia saneado as finanças e realizado marcante política social. Sua influência política, porém, pouco ultrapassava os limites provinciais. Tinha, é verdade, uma esposa senadora, Cristina, que já pontificava no cenário como defensora da ética na política. O fato de Néstor ter sido eleito presidente da República era, então, mais debitado ao apoio que recebeu do presidente em final de mandato Eduardo Duhalde. seu padrinho político, do que por méritos próprios.

Por isso, a dimensão política do *Pinguim*, como era apelidado, jocosa mas também pejorativamente, o ex-governador santa-cruzense não foi levado muito em conta pela crônica política. Seria mais um caudilho peronista regional que iria se engalfinhar pelo domínio de feudos locais, como ocorria com outros tantos que infestavam o cenário argentino, ainda turvado pelos efeitos devastadores da debacle de 2001. Como tal, o novo presidente seria tratado pelos chamados setores concentrados ou *poderes fáticos*, à frente os poderosos meios de comunicação, sob cuja tutela se aninharam rigorosamente todos os presidentes, desde Perón.

Na campanha, foi bem comportado, enquadrando-se nos padrões assépticos da época, vituperando contra a corrupção e os desmandos. Permitia-se, é verdade, diferenciar-se dos outros candidatos, ao priorizar a produção, a educação, a saúde, a justiça, a igualdade e os direitos humanos.

Mas Néstor e Cristina embalavam um projeto de país soberano e com inclusão, cuja dimensão só uns poucos íntimos conheciam. Não podiam abrir a guarda. A situação era muito delicada e qualquer vacilo botaria tudo a perder.

O novo presidente assumiu um país devastado pelo descalabro, a baixa estima e o sentimento de impotência diante daquela crise interminável que, mesmo depois da convulsão de 2001, tendia a aprofundar-se e a sufocar ainda mais o argentino. A moratória, declarada na ocasião, por falta de dinheiro para pagar as contas, era ainda exacerbada pelo fechamento de 80% das fábricas, o descaso com as escolas, os hospitais, e por uma anarquia administrativa nas províncias, onde cada uma parecia lidar com a sua própria moeda, o que tornava as finanças do país inadministráveis.

Como gestor de experiência da coisa pública, Néstor estava determinado e sabia o que fazer para conter o terremoto, mas para isso necessitava de um respaldo político. Seus 22% de votação nem de longe conferiam-lhe a legitimidade popular e a segurança para tomar as complexas medidas necessárias, que certamente, afetariam grandes interesses. Tampouco seu partido peronista (o Justicialista) se prestava a este respaldo. Ainda que majoritário, o PJ estava esfacelado em uma miríade de facções (havia disputado a presidência com três diferentes candidatos) distribuídas entre parlamentares, prefeitos e governadores. A emblemática legenda estava condenada à inação e se tornava presa fácil das chantagens dos grandes grupos econômicos, interessados em aproveitar-se da crise para aumentar seus privilégios e lucros financeiros.

Kirchner, sempre tendo ao lado a mulher, teve de agir, praticamente sozinho, confiando em seu carisma e entusiasmo, que logo contagiaram a população, sobretudo pelas medidas estruturais que não hesitou em adotar, tão logo chegou à Casa Rosada. As dificuldades eram ingentes, porque agiria em defesa do país e não dos oligopólios, na verdade, os grandes responsáveis pela desgraça do país.

De imediato, rejeitou a receita tradicional do FMI e partiu para implantar um modelo de país com base num desenvolvimento voltado para a justiça social e a soberania, a exemplo do que já faziam seus contemporâneos Chávez e Lula, em seus países. Também descartou os empréstimos externos ofertados para contornar a crise e decidiu que não recorreria ao mercado internacional para saldar a dívida externa.

A partir dessa premissa, ele teve de encarar de pronto, a questão dos investimentos, paralisados pela moratória, enquanto sacudia a inércia da administração, provocada também por uma justiça lenta e corrupta, que atravancava qualquer tipo de medida mais ousada. Aqui, começa o vespeiro, cujo enfrentamento só será possível mediante um amplo respaldo nacional.

É quando Néstor Kirchner parte para atrair a juventude e os setores mais progressistas. Entre estes últimos estão os movimentos de defesa dos direitos humanos, à frente dos quais as Madres e Abuleas (avós) de Mayo. Também lança mão da TV e dos demais meios de comunicação disponíveis para mobilizar o país com vistas à reconstrução. Esta obra, embora descomunal para um governo iniciante, já parecia factível pela capacidade de condução que, aos poucos, o presidente ia demonstrando nos primeiros atos presidenciais

Mas não poderia fazer aquilo sozinho, tendo necessidade de um respaldo mais orgânico, já não mais o tradicional, via Parlamento, através de seu despedaçado partido, e sim de uma ação junto às massas, as únicas, naquele momento, capazes de pressionar e sacudir o esclerosado estamento político. Os sindicatos, tradicionais esteios dos peronistas, tiveram seu papel na arrancada inicial, porém, revelavam-se mais porosos, porque, também estavam divididos e se digladiavam pelo controle de feudos das diversas categorias.

Néstor aferrou-se, então, na aliança com as Madres de Mayo, que, apesar da longa tradição na defesa dos desaparecidos e excessos da repressão, foram marginalizadas pelos governos democráticos que se seguiram à ditadura. Tais governos receavam a contundência dos atos das Madres, que enfrentaram, a descoberto, os tempos mais duros da repressão e a pressão dos grupos econômicos, que lhes antipatizavam ou hostilizavam.

As Madres, sozinhas, tampouco bastavam para embasar, politicamente, o governo renovador, o qual, aos poucos, foi atraindo, contra si, o peso do poder econômico e a dos virulentos ataques dos meios de comunicação. Ao lado do movimento das Madres, havia a juventude, cujo potencial era desprezado pelas novas práticas que priorizavam os bens materiais, em particular, os produtos supérfluos. Néstor e Cristina então para despertar o potencial adormecido deste seguimento.

Ao lado da juventude, trabalharam para atrair os antigos militantes, aí incluídos muitos contemporâneos do casal na Juventude Peronista, inclusive dos tempos de Universidade de La Plata. Eles eram igualmente repelidos pelos governos civis que se seguiram à ditadura, empenhados em seguir a onda da globalização, onde se exaltavam os valores individuais, e estigmatizavam a política como uma atividade mais afeita à corrupção e à má gestão da coisa pública.

Enfrentando um meio ainda apático pelo que os argentinos chamam de antipolítica, os Kirchner foram em frente para montar uma base diferente da militância tradicional, que, acreditavam, seria capaz de romper as velhas práticas e oferecer uma nova alternativa política.

Aí metia-se em outra casa de marimbondos, pois aquilo tomaria espaço às velhas lideranças políticas e sindicais, justamente, em seu próprio campo popular, o peronismo. Mesmo assim, foram em frente e se aliaram aos jovens para formar uma nova força, que iria atuar, não só na ativação política, mas também na administração, renovando métodos e concepções, de que foram exemplos a Aerolineas e a YPF reestatizadas.

Era um movimento orgânico que atuava a partir dos bairros, trabalhando diretamente com a população pobre, na melhoria da saúde, da educação e nas formas de sobrevivência. Paralelamente, focavam nas universidades e escolas, para explicar e defender os programas governamentais.

Este tripé, formado com as Madres e Abuelas De Mayo, os combatentes da ditadura e a juventude militante, resultou numa força política inovadora, bem distante das práticas clientelistas que marcaram as últimas administrações do país, peronistas ou anti-peronistas. Com ela, o governo, principalmente, o de Cristina, conseguiu compensar parte da narrativa, que lhes surrupiavam o velho sistema e a gula midiática.

IX
As reformas no país do tango

O TANGO É UMA MÚSICA DOLENTE QUE CALA FUNDO NA ALMA. É altamente sensual, romântica e dramática. Uma síntese do espírito argentino e expressão da opulência e tragédias do garboso país vizinho. Junto com o tango, o peronismo é algo incrustado na psique daquele povo. Tanto, que resistiu, impávido, nos seus mais de 70 anos de existência aos horrores das ditaduras militares, da tortura e dos sequestros de filhos de militantes, aos ataques especulativos e midiáticos e outras armas mortíferas do neoliberalismo.

Sobreviveu ainda mais forte à deposição, traições internas e morte de seus líderes fundadores – Evita, vítima de câncer em 1952, aos 33 anos, Juan Domingo Perón, deposto em 1955, exilado de 1955 a 1973, eleito novamente em 1973 e falecido em 1974.

Em 25 de maio de 2003, uma nova geração peronista, aquela liderada pelo casal Néstor Kirchner e Cristina Fernandes de Kirchner assume o poder e extrai a Argentina de sua pior crise econômica, deflagrada em 2001, por um pacote do FMI que sequestrou as contas bancárias, aumentou o desemprego em 30% e elevou a pobreza a 60%. Em sete anos, Néstor, primeiro, e depois, Cristina, na presidência da República, transformaram o país, na época ostentando 7% de desemprego, crescimento econômico duas vezes maior que o do Brasil, com inclusão social e contínuo há mais de cinco anos, e grande evolução no sistema educativo, tecnológico e político. Neste contexto, possível efetivar-se duas reformas consideradas paradigmas mundialmente: a midiática (*Ley de Medios*) e a política. Aqui, vamos nos deter na reforma política (pois a da mídia será analisada em outros capítulos mais adiante).

Depois de ter enfrentado a mídia, com a nova e audaciosa lei do audiovisual, e tirado o futebol da TV paga, levando-o para a TV pública aberta, onde o cidadão comum poderá ver seus jogos de graça, o governo peronista de Cristina lança-se a uma arrojada reforma política. Antes debatida com políticos, a sociedade, intelectuais, estudantes e universidades, a reforma começa pela obrigatoriedade de os partidos fazerem prévias abertas e simultâneas, num só dia, para a escolha de seus candidatos; a proibição da propaganda paga na TV e no rádio, os quais teriam de transmitir o horário eleitoral de graça; o controle e monitoramento da divulgação das pesquisas eleitorais, e a limitação da difusão das pesquisas eleitorais. O sistema funcionou à perfeição um mês antes da reeleição de Cristina, que obteve 54,11% dos votos.

A reforma política constitui, na verdade, um complemento da lei de audiovisual, que rompeu o monopólio privado dos meios de comunicação por parte de algumas famílias ricas do país. A partir dela, as empresas privadas só podiam controlar um terço das emissoras de rádio e TV, ficando os outros dois terços para serem distribuídos entre as universidades, movimentos sociais e culturais e os governos federal, estaduais e municipais. Cada grupo privado tinha de escolher entre o campo das redes abertas ou a cabo, porque ficou vedada a simultaneidade (esta parte da lei ainda está embargada na justiça).

Com a reforma política, a influência da mídia foi relativamente redimensionada. Habituada a favorecer e às vezes fabricar seus próprios candidatos, com o uso massivo, particularmente de seus canais de TV e jornais de grande porte, os meios de comunicação passaram a obedecer a uma série de restrições.

Uma delas era a forma de divulgação das pesquisas eleitorais, que se tornaram escandalosos fatores de condicionamento do eleitorado, além de fontes de gordos lucros financeiros para seus operadores. Com efeito, os chamados institutos de pesquisa, na maioria, de propriedade, ou com estreitos vínculos com as empresas midiáticas, costumam condicionar os eleitores com enquetes consideradas tendenciosas.

E isto acontece na Argentina, no Brasil e sobretudo nos países emergentes, onde não existe controle da qualidade da informação nem da exatidão dos dados das pesquisas. Divulgados com grande destaque nas grandes cadeias de TV, rádio e jornais, muito antes de deflagradas as campanhas eleitorais, esses institutos acabam determinando a vitória de certos candidatos, de tanto martelarem nas suas "preferências", por parte do eleitorado.

Pela nova lei, a divulgação das pesquisas ficava proibida até 15 dias antes da data da eleição (no Brasil, onde tal limitação – de 30 dias – foi tentada pelo Congresso, mas derrubada pelo Supremo, as pesquisas são, escancaradamente, divulgadas no próprio dia do pleito. Na Argentina, a limitação antes da reforma, era de até 48 horas. Agora, a mídia não só ficou proibida de publicar os resultados das pesquisas, como de lhes fazer qualquer referência em seus noticiosos ou comentários.

Ademais, cada instituto teria primeiro de registrar-se na justiça eleitoral e apresentar um informe de cada pesquisa que realizasse, no qual deveria constar "quem os contrata", todos os detalhes técnicos utilizados e "quanto cobraram" por realizá-la. Tal informação terá de ser publicada no site da Justiça Nacional Eleitoral (o TSE de lá). Caso não cumprissem tais determinações, os infratores não poderiam inscrever-se no registro de pesquisadores (ou seja, não poderiam mais funcionar), "por um período entre duas e quatro eleições", segundo o projeto.

Outro aspecto importante da reforma refere-se aos partidos. Para a formação de um partido político, a lei requeria o apoio de cinco mil inscritos, mas se, no mês de fevereiro de cada ano, o partido respectivo não mais contar com esse contingente, ele perde o seu registro. E para ser reconhecido como partido nacional e apresentar pré-candidatos nas eleições internas (prévias), o partido teria de estar reconhecido em cinco províncias (estados) e contar com um piso de 28 mil filiados.

Quanto às candidaturas, os partidos escolheriam seus dirigentes através do mesmo procedimento de prévias fechadas que vêm usando até agora, mas deveriam realizar primárias abertas para designar seus candidatos a presidente da República, deputados e senadores.

Nas eleições internas abertas (prévias), qualquer eleitor poderia votar em favor de qualquer partido, mas nem todos os candidatos vitoriosos poderiam disputar a eleição geral. Para que isso ocorresse, o partido a que pertenciam deveria obter pelo menos 3% dos votos válidos emitidos. Para as prévias, a campanha só poderia começar 30 dias antes de sua realização, mas a publicidade só poderia ser feita durante 20 dias e até 48 horas antes do pleito interno. Na campanha das eleições gerais, ela duraria 35 dias e a publicidade nos meios de comunicação durante os últimos 25 dias.

Finalmente, os partidos receberam fundos públicos e privados, mas estes últimos só poderiam vir de pessoas físicas e não jurídicas. Quanto à publicidade, os partidos não poderiam contratá-la no rádio nem na TV aberta ou a cabo.

A lei assegurava a gratuidade da propaganda eleitoral no rádio e na TV, sendo que sua distribuição do tempo previa que metade se divida entre todas as siglas e a outra metade distribuída proporcionalmente à votação de cada partido na eleição anterior. Na época da reforma, em 2012, havia, na Argentina, 33 partidos com abrangência nacional, 659 de distrital e 255 com alguma representação parlamentar.

X
Unidade e integração

Tanto Néstor como Cristina tinham uma noção clara de que nenhum projeto nacional solitário ou isolado poderia sobreviver, sem uma integração política e econômica com os países vizinhos. Por isso, mergulharam fundo na aproximação com os outros presidentes progressistas vindos na safra produzida pela debacle do neoliberalismo nas crises do final do século. Os outros presidentes, tendência mais conservadora foram igualmente contatados para a tarefa, tendo alguns deles dado importante contribuição ao diálogo interregional.

O momento era especialmente rico e auspicioso. Primeiro, era Hugo Chávez que surgia como uma bandeira aglutinadora de todo o continente. Sua chegada ao poder, em 1999, permitiu que a Venezuela, inundada pelo petróleo e seus lucros colossais, que só beneficiavam uma pequena elite e as empresas transnacionais, se voltassem para complementar os programas sociais e, por tabela, as economias dos países vizinhos, dentro de uma política pragmática de integração.

O projeto dos Kirchner se beneficiaria muito desse fator, em particular, porque Chávez se proclamava outro peronista. Para situar-se melhor nesse contexto, é importante que o leitor atente para a estratégia de Hugo Chávez, pois, como verá mais adiante, será decisiva para a viabilização e mesmo a sustentação política e econômica dos Kirchner e dos outros presidentes progressistas, incluindo Lula e Dilma no Brasil.

Primeiro, remontemos um pouco na história. Desde Simón Bolivar, San Martín, José Martí, Tiradentes e Frei Caneca que tentamos sem sucesso desatrelar nosso destino das grandes potências, tratando de promover o nosso próprio desenvolvimento.

A imolação e o descrédito destes heróis, imposto pelos interesses forâneos, ao longo da história, não impediram que a bandeira da unidade continuasse a empolgar grandes lideranças de lá para cá. Nos últimos 60 anos, Juan Domingo Perón, na Argentina; Getúlio Vargas e Leonel Brizola, no Brasil, tentaram, cada um a seu modo, levantar, inclusive com armas, os sentimentos libertários do continente. Tombaram diante do aparato descomunal das potências imperiais, que sempre dominaram e controlaram nossos países.

Mais recentemente, essa dominação foi aperfeiçoada pelas novas tecnologias da informação e da propaganda, popularizadas e magnificadas pela internet, a ponto de dispensarem os brutais golpes militares para, em troca, recorrerem aos chamados golpes suaves ou de terceira geração para impor sua agenda. A partir de intensa doutrinação veiculada nos meios de comunicação nacionais e internacionais, que sempre manejaram, as grandes potências construíram um pensamento único, capturando grandes parcelas da sociedade. Com ele, derrocavam governos e implantavam regimes maleáveis a seus propósitos, a seu bel prazer.

Vargas e Brizola, provavelmente, por questões táticas, restringiram sua atuação ao Brasil, o maior país da América Latina, ainda que tivessem imprimido forte corte autonomista. Já Perón aventurou-se a atrair os países vizinhos, chegando a arrebatar grande parte da juventude e amplos setores progressistas do hemisfério, com a sua mística e o seu heroísmo, mas foi, igualmente, derrotado na busca daquele desatrelamento.

Eis que, em 1999, emerge Hugo Chávez, líder militar de grande descortino, com algo aparentemente mais efetivo em termos de doutrinação e articulação: um complexo entendimento da realidade continental e do uso devido dos dividendos do petróleo, além de uma estratégia geopolítica que transcende o hemisfério.

Perón, por seu turno, era general-de-exército, líder de grande visão e conduzia uma das grandes potências da América Latina. Mas não dispunha de outros atrativos mais convincentes, além de uma doutrina e uma palavra incandescente, para conquistar os corações e mentes de seus países-hermanos.

Fidel Castro e o Che, com toda sua aura de heróis, por terem vencido os pro-homens de Washington, quase nas barbas de Miami, tentaram um movimento bem estruturado de insurgência em alguns países. Entre eles, a própria Venezuela, Nicarágua, Colômbia, Argentina, Uruguai e mesmo o Brasil, através do projeto de guerrilhas de Leonel Brizola, mas também empacaram diante das forças do colosso do Norte.

É verdade que os cubanos, com seus jovens líderes barbudos e todo o romantismo de luta, entusiasmaram grandes contingentes da juventude e das correntes de vanguarda, a ponto de pegarem em armas e enfrentarem os exércitos de seus países. Mas foram desbaratados pela onda de ditaduras que desabou sobre grande parte do hemisfério, seguida depois pela vaga neoliberal, que persistiria por mais vinte anos.

Hugo Chávez era diferente, por manejar uma tática mais sub-reptícia e eficaz. Apesar de definir-se como socialista, o tenente-coronel não partiu para o confronto com os mercados. Ao contrário de Fidel, que nacionalizou de imediato as companhias americanas e os meios de produção, Chávez preferiu fazer um jogo de convivência com os representantes do capital.

A princípio, não nacionalizou nada, nem declarou a moratória da dívida externa. Pelo contrário, pagava as contas do país, e, seguindo o manual do FMI, com tal zelo, que, nos primeiros meses de governo, a Bolsa da Venezuela chegou a experimentar os maiores lucros de sua história.

Paralelamente, usou os lucros do petróleo e o próprio ouro negro para atrair a simpatia de seus vizinhos, com o objetivo de engajá-los na sua missão bolivariana de fortalecer a América Latina para que esta, deixando de ser dominada, passasse a negociar de igual para igual com os Estados Unidos e as outras potências.

Nesta ofensiva, Chávez comprou três bilhões de dólares em títulos podres da Argentina, mandou médicos e professores (a Venezuela foi declarada pela Unesco território livre do analfabetismo, depois de uma campanha de cerca de três anos de seu governo) e muito petróleo e ajuda financeira para Nicarágua, Equador, Bolívia e países da América Central.

Chávez não parava por aí. Sua visão estratégica, que formou desde as leituras de cabeceira de Napoleão, Clausewitz e Mao Tse Tung, quando ainda era jovem oficial, o lançou para operações mais refinadas de geopolítica, o que não conseguiram fazer nem Perón nem Vargas (Fidel o fez, mas de maneira mais romântica, com suas missões humanitárias na África e Ásia). O líder venezuelano embrenhou-se, igualmente, numa ofensiva para atrair os países emergentes de outros continentes, sobretudo os produtores de petróleo, como a Venezuela. Viajou, repetidamente, ao Irã, Catar, Rússia, Bielorússia, e à China, sem falar nas suas andanças esporádicas pela Europa e África.

Estava convencido de que, sem a retaguarda destes países-candidatos a potência, ele não conseguiria, como ocorreu com seus predecessores, inclusive o guru Bolívar, realizar o sonho da integração. Pragmático, ele logo cuidou de ressuscitar a OPEP, Organização de Exportadores de Petróleo, que havia sido rebaixada em prestígio pelas grandes potências, depois que fez valer o preço justo do petróleo, na crise mundial de combustíveis de 1974. Ainda, celebrou vários convênios, inclusive para importação de armas, com a Rússia e a China, pois precisava se armar para enfrentar uma invasão americana, por via de procuração de um país vizinho.

Ao mesmo tempo comandou uma ofensiva de aproximação no âmbito das América Latina e Caribenha, tendo como carta na manga, os excedentes de petróleo de seu país, os quais propunha trocar por produtos agrícolas e tecnologia dos países irmãos. Antes mesmo de tomar posse, em primeiro de fevereiro de 1999, no Palácio Miraflores, ele percorreu algumas vezes o Brasil, Argentina e Uruguai, então presididos por governos conservadores ou neoliberais. Nessas ocasiões, ofereceu-lhes as vantagens de um intercâmbio mais intenso entre os países, ao mesmo tempo que se entendia com líderes opositores progressistas que depois assumiriam o poder.

As vantagens práticas da oferta de Hugo Chávez se tornaram ainda mais tentadoras depois que sua política de aproximação com os outros países produtores de petróleo, resultou no aumento substancial dos preços do barril e, consequentemente, do cofre venezuelano.

Tal política permitiu, por exemplo, aquele aporte de petrodólares, que Néstor Kirchner viabilizasse o reescalonamento da dívida externa e quitasse as contas com o FMI. O fato, como se recorda, logo resultou na arrancada para o desenvolvimento argentino, depois de décadas de marasmo e recessão. A partir daí, foi possível lançar o cimento da integração.

XI
Os escândalos e a paranoia moralista

No momento em que inicio este capítulo, a Justiça Federal argentina acumulava 17 processos, por suspeita de corrupção, contra Cristina Kirchner e sete pedidos de prisão preventiva. Seis desses processos estavam em fase de julgamento. Outros envolviam os dois filhos, Máximo Kirchner, 41 anos, deputado nacional, e Florencia Kirchner, 29 anos, cineasta, todos com pedidos de prisão. Um único juiz, Claudio Bonadio, versão argentina do brasileiro Sérgio Moro, concentra em si a maioria desses processos e tem poderes absolutos para prender, fazer buscas e apreensão e retirar objetos dos locais revistados.

A operação contra Cristina só não leva o nome de Lava Jato, mas adota o mesmo modelo brasileiro de procedimento e de truculência que prendeu o Lula e mais de uma centena de empresários e políticos vinculados ao seu governo. Outro ponto em comum, neste afã moralista, é a destruição de milhares de empregos, nas empresas nacionais, públicas e privadas, responsáveis por obras de infraestrutura, já que estas foram sacrificadas por pesadas multas e outras violentas sanções judiciais. A opção dos dois governos de Lula e de Cristina pelas empresas nativas, por razões de custo e de incentivo à tecnologia nacional, havia afastado grandes conglomerados americanos e europeus, detentores de poderosos *lobbies* nos meios de comunicação, no judiciário e no Congresso.

Cristina não foi presa, porque tinha imunidade parlamentar como senadora, ou, certamente, porque poderia provocar uma reação ou mesmo um levante popular, dada a tradição do país em protestar contra desmandos tão evidentes. Seu filho, Máximo, também imune, porque é deputado. Mas Florencia, que não tem mandato, passou a ser objeto preferencial de uma caçada jurídica e sobretudo midiática, que afetou sua saúde, a ponto de haver-lhe prova caso um abalo emocional, quando se encontrava em Cuba, sendo proibida pelos médicos de viajar de avião.

Aqui, também, o comportamento de juízes, procuradores e policiais coincide com o brasileiro, ao espetacularizar suas ações, de preferência, com equipes jornalísticas das grandes TVs, as quais são avisadas com antecedência e precisão milimétrica de seus atos persecutórios. O repertório de cenários, os mais esdrúxulos, para apontar e escrachar denunciados, parece inesgotável. É um funcionário do antigo governo, José López, ex-secretário de Obras, tentando esconder, durante uma madrugada, sacolas contendo 9 milhões de dólares, num convento de Buenos Aires. Ou um motorista, Oscar Centeno, que teria anotado, à mão, em oito cadernos escolares, as entregas de pacotes de dinheiro que teria feito, a mando de empresários do que chamam esquema K, durante dez anos, na residência oficial de Olivos, no apartamento particular de Cristina, na Ricoleta, e no escritório do Chefe de Gabinete. O motorista trabalhava para Roberto Baratta, adjunto do ex-ministro do Planejamento, Julio de Vido, que está preso, desde o ano passado. Os tais cadernos, cujas cópias foram publicadas por um repórter do jornal *La Nación*, Diego Cabot, inimigo declarado da família presidencial, descreveriam, minuciosamente, o que a mídia chama de "rota do dinheiro sujo K" (de Kirchner), um suposto desvio de dinheiro público para contas kirchneristas. Não importa se os cadernos são autênticos ou não, uma vez que a mídia só apresentou aquilo que seriam cópias xerografadas deles. O fato é que o escândalo redundou numa bomba política, bem ao gosto do sensacionalismo midiático, com direito a manchetes diárias por mais de três meses na mídia, provocando a prisão de 12 empresários e altos funcionários do antigo governo e o envolvimento de outros tantos, que conseguiram se safar da prisão, depois de declarar-se "arrependidos". Detalhe intrigante: entre esses "arrependidos" estava Ângelo Alcaterra, primo do presidente Maurício Macri, cuidadosamente excusado de prisão, numa reunião, realizada na residência de Olivos, entre o procurador da causa, Carlos Stornelli, o próprio Macri e seus respectivos advogados.

Nesta azáfama de superescandalizar, não poderia faltar uma imagem cinematográfica que envolvesse a filha da presidenta. Foi quando a justiça argentina ordenou a abertura dos cofres de Florencia Kirchner, depois que "registros bancários demonstraram movimentações financeiras milionárias", como publicou o jornal *Clarín*, que detalhou, na mesma notícia de seu site, de 15 de julho de 2016[8]: "Segundo fontes judiciais, ouvidas pelo jornal, foram encontrados mais de US$ 4,6 milhões nos cofres que Florencia Kirchner mantém em uma agência do banco Galícia, no centro da capital argentina". O problema é que o jornal não esclareceu que o dinheiro de Florencia tinha sido declarado e era parte da herança que lhe havia deixado o pai, morto em 2010, nem ser uma prática corriqueira entre os argentinos dotados de recursos transformar seus pesos em dólar e guardá-los em cofres bancários, operação igualmente assegurada por lei.

As acusações de enriquecimento começaram com a eleição de Néstor Kirchner, como presidente, em 2003, intensificando-se depois nos governos de Cristina. A ex-presidenta vem alegando, desde então, que a família já era rica quando entrou na política, como diz mostrarem suas declarações do imposto de renda, nestes 20 anos: "Em 1989, fui deputada estadual, constituinte nacional de 1994, deputada federal por Santa Cruz, desde 1995, duas vezes senadora por Santa Cruz, senadora pela província de Buenos Aires e eleita e reeleita presidenta da Nação, desde 2007".

[8] Notícia do *Clarín* sobre cofre de Florencia Kirchner: https://www.clarin.com/clarin-em-portugues/destaque/justica-argentina-us-cristina-kirchner_0_Bk5C2PLP.html

No livro *Sinceramente*, ela conta: "Em 2003, Néstor apresentava sua primeira declaração de imposto de renda e, nela, no item 4.6, de "Depósitos e Dinheiro Sonante", da coluna correspondente ao tipo e conta, depósitos a prazo fixo em dólares americanos, figurava a soma de US$ 4.387.674. Repito: em 2003, Néstor já declarava possuir, em depósitos, em dinheiro, mais de 4 milhões de dólares. Não obstante, insistem em dizer que Néstor e eu chegamos pobres ao governo. Nada, chegamos lá ricos. Nunca chegamos pobres a nenhum cargo público. E muito menos na presidência da Nação".

Sobre como construiu sua fortuna, Cristina diz que, a partir de 1977, quando os dois abriram seu próprio escritório jurídico, investiam o dinheiro obtido em depósitos a prazo fixo e em imóveis para alugar. Toda a construção de nosso patrimônio se deu sobre estes dois pilares e pode-se seguir sua evolução, ano após ano, em todas e cada uma de nossas declarações de imposto de renda", assegura.

Os outros processos de Cristina ainda envolviam denúncias corriqueiras de enriquecimento ilícito, lavagem de dinheiro, fraudes, favorecimento de licitações e auferição de lucros ilegais no aluguel de propriedades da família para órgãos do governo (causas Hotel Sur e Sauces, de sua propriedade, em Santa Cruz). A alegação é de que o patrimônio líquido dos Kirchner aumentou de forma demasiada, devido à venda de terrenos que possuíam havia muito tempo, aluguel de hotéis e depósitos a prazo fixo em peso e em dólar. Questiona-se, igualmente a empresa El Chapel, para gerir a Hotelsur S. A. e Los Sauces, redes de hotéis, em El Calafate. Segundo a Wikileaks, Kirchner foi julgado por enriquecimento ilícito em 2004, com o caso centrado no aumento de sua riqueza de 1995 a 2003. O caso foi tratado pela primeira vez pelo juiz Juan José Galeano e depois enviado a Julián Ercolini, que o absolveu em 2005. Um novo caso envolvendo o casal foi julgado por Norberto Oyarbide, que os absolveu em 2010.

Havia, ainda, acusações estapafúrdias, como aquela de "traição à pátria", por ter Cristina, como presidente da Argentina, articulado um acordo com o Irã (aprovado pelo Congresso Nacional), com vistas a esclarecer os atentados terroristas à entidade judaica Associação Mutual Israelense Argentina (AMIA), ocorrido em 1994. Outro processo a acusa de roubo de documento histórico, porque a polícia encontrou em sua casa do Calafate uma carta do libertador argentino José San Martín ao libertador chileno Bernardo O'Higgings, na luta pela independência há cerca de 200 anos. A carta, como se viu depois, havia sido presenteada a Cristina pelo presidente da Rússia, Vladimir Putin, que a havia mandado comprar num leilão de antiguidades de Nova York.

Ao comentar esses processos e acusações contra Cristina, o ex-ministro da Suprema Corte Raúl Zaffaronni diz, em depoimento ao autor: "Estes termos ingleses de *lawfare, fake news*, e outros, eu preferiria dizê-los em alemão: *Die elf Prinzipien von Goebbels* (Os onze Princípios de Goebbels)[9]. É a mesma coisa, só que com uma tecnologia

---

[9] Os Onze Princípios de Propaganda de Joseph Goebbels (transcrito de João Mello, *in* Midia/Jornal GGN)

1. *Princípio da simplificação e do inimigo único*
   Simplifique, não diversifique. Escolha um inimigo por vez. Ignore o que os outros fazem. Concentre-se em um até acabar com ele.
2. *Princípio do contágio*
   Divulgue a capacidade de contágio que este inimigo tem. Colocar um antes perfeito e mostrar como o presente e o futuro estão sendo contaminados por este inimigo.
3. *Princípio da Transposição*
   Trasladar todos os males sociais a este inimigo.
4. *Princípio da Exageração e desfiguração*
   Exagerar as más notícias até desfigurá-las, transformando um delito em mil delitos, criando assim um clima de profunda insegurança e temor: "O que nos acontecerá?"
5. *Princípio da Vulgarização*
   Transforma tudo numa coisa torpe e de má índole. As ações do inimigo são vulgares, ordinárias, fáceis de descobrir.
6. *Princípio da Orquestração*
   Fazer ressonar os boatos até se transformarem em notícias sendo estas replicadas pela "imprensa oficial'.

mais evoluída, o que seria ideal para o ministro da Propaganda de Hitler".

Com efeito, esses princípios goebblianos, adotados com a ascensão dos nazistas, na Alemanha, em 1936, são bem adequados aos tempos atuais. Levemos, em consideração, para seguir a sugestão do jurista, apenas três deles:

1. *Princípio da simplificação e do inimigo único*
   Simplifique, não diversifique. Escolha um inimigo por vez. Ignore o que os outros fazem. Concentre-se em um até acabar com ele.
3. *Princípio da Transposição*
   Trasladar todos os males sociais a este inimigo.
4. *Princípio da Exageração e desfiguração*
   Exagerar as más notícias até desfigurá-las, transformando um delito em mil delitos, criando assim um clima de profunda insegurança e temor: "O que nos acontecerá?"

Zaffaroni foi o primeiro ministro da Corte indicado pelo presidente Néstor Kirchner, em 2003, quando este procedeu a uma faxina na justiça, então considerada das mais corruptas do mundo. No governo anterior de Carlos Menem, as nomeações judiciais (lá, não havia concursos

---

7. *Princípio da Renovação*
   Sempre há que bombardear com novas notícias (sobre o inimigo escolhido) para que o receptor não tenha tempo de pensar, pois está sufocado por elas.
8. *Princípio do Verossímil*
   Discutir a informação com diversas interpretações de especialistas, mas todas contra o inimigo escolhido. O objetivo deste debate é que o receptor, não perceba que o assunto interpretado não é verdadeiro.
9. *Princípio do Silêncio*
   Ocultar toda a informação que não seja conveniente.
10. *Princípio da Transferência*
    Potencializar um fato presente com um fato passado. Sempre que se noticia um fato se acresce com um fato que tenha acontecido antes.
11. *Princípio de Unanimidade*
    Busca convergência em assuntos de interesse geral apoderando-se do sentimento produzido por estes e colocá-los contra o inimigo escolhido.

públicos), eram feitas com base na "lealdade" política ao menemismo, ao ponto de serem conhecidas como "maiorias automáticas". Néstor iniciou processo de *impeachment* contra quase toda a Corte Suprema, de cinco ministros, a começar do presidente, Julio Nazareno. Nazareno e os outros três ministros renunciaram, levando Kirchner a nomear os titulares das quatro vagas, começando por Zaffaroni, que não era peronista, pois se vinculava politicamente à FREPASO (Frente País Solidário), do ex-vice-presidente Chacho Álvarez (1999). Zaffaroni também renunciou, quando completou, em 2014, 75 anos, idade limite no cargo, apesar de uma regra interna desconsiderar este princípio legal e permitir que ministros lá permanecessem até mais de 90 anos. A Corte havia novamente se conspurcado, agora, não pelas mãos do governo, mas pelos barões da mídia, que asseguravam impunidade para a maioria das irregularidades judiciais que não afetassem seus próprios interesses.

Então, Zaffaroni ressalva que, nessa campanha de desmoralização, Cristina não é o alvo central. Para ele, o que está acontecendo, na realidade, é um levante do *establishment* contra a política, como instituição, com o fim de favorecer a emergência de políticos não-políticos. Estes seriam os donos ou CEOs das grandes empresas, nacionais e multinacionais: "Os empregados (que seriam os políticos tradicionais) já não têm serventia", observa.

É a estratégia de estabelecer o totalitarismo financeiro, que, no seu entender, subjuga os países, não mais com ocupação territorial, mas com o endividamento. "O neoliberalismo", explica, é só uma doutrina de legitimação." E cita, como exemplo típico desta realidade, a situação da Argentina atual, onde o governo Macri, sem consultar o Congresso nem a Justiça, aumentou a dívida, de US$ 60 bilhões para US$ 300 bilhões, em pouco mais de três anos de governo. Desta nova dívida, 45% foram gastos para segurar o preço do dólar, o que significa, que já se evaporaram. "No Brasil", recorda o ministro, "os militares, em passado recente, endividaram o país, mas investiram na infraestrutura. Aqui, na Argentina, nós não fizemos nada, só a ciranda (bicicleta) financeira".

No caso das denúncias atuais contra Cristina, ele recorda alguns fatos pretéritos marcantes na história: "O colchão de dinheiro que diziam ter Hipólito Yrigoyen, quando caiu, em 1930; as barras de ouro que Evita teria levado em sua viagem à Europa, em 1947: as traições à Pátria de Perón, depois que foi derrubado, em 1955".

Numa de suas convocações para depor, em 13 de abril de 2016, em Comodoro Py, sede da justiça, em Buenos Aires, Cristina perguntou por que a mesma mídia, que tanto a atormenta, fecha os olhos ao que acontece no governo atual de Maurício Macri e sua família, tradicionalmente conhecida como das mais vinculadas à corrupção e à lavagem de dinheiro: "Qual é o fio condutor destes processos moralizadores? O que derrubou Yrigoyen, por corrupção?", indagou, para depois observar que o mesmo aconteceu com Perón e com Eva, perguntando outra vez: "Eram (esses processos) moralizadores? Não, vinham para anular os direitos e as conquistas dos que melhoraram de vida nesses projetos políticos, que não é outra coisa que o movimento nacional e popular, que se encarna nas diferentes épocas, sob diferentes formas".

Ela, ainda, convida a uma reflexão, ao lembrar as denúncias de lavagem de dinheiro de Macri e familiares, inclusive no escândalo dos *Panama Papers*, que foram manchete no mundo inteiro, menos na mídia hegemônica argentina: "Imaginem vocês se houvessem descoberto sociedades e contas *offshore* em meu nome, de meu ministro da economia, de minha irmã, de minha mãe, de meu pai? Isto demonstra, claramente, que os argumentos "moralizantes" têm um só objetivo: acabar com os direitos adquiridos e o bem-estar que os argentinos obtiveram nestes doze anos de governo, nos quais geramos milhões de postos de trabalho".

XII
As conchillas do Corriere della Sera

O Corriere della Sera noticiou, em 6 de junho de 2008, uma "ida às compras" da presidenta Cristina Kirchner, que viajara a Roma para participar de reunião da FAO, Organização da ONU para a Agricultura e a Alimentação, com sede na cidade eterna. Segundo o grande jornal da Itália, com repercussão retumbante na mídia argentina e mundial, Cristina desembolsou, numa só tarde, a quantia nada desprezível de 150 mil euros, na refinada joalheria "Enigma", de Giuliani Bulgari, célebre ícone da moda. Um escândalo planetário, se aquilo fosse verdade.

Cristina falou naquele fórum mundial sobre os êxitos que a Argentina vinha alcançando no combate à fome e à miséria. Tratava-se de uma realização que poderia render manchetes, num mundo repleto de notícias ruins naquela área. Como presidente, vinha implementando medidas estruturais na economia, com seu projeto nacional estratégico, envolvendo melhorias na educação, saúde, meio ambiente e assistência direta aos mais necessitados. Tais medidas haviam propiciado aumentar as taxas de crescimento, a incorporação de setores expressivos da população ao mercado de trabalho, ao sistema escolar, à assistência médica, e, consequentemente, aliviado a fome.

Daí a aparente motivação das forças conservadoras com a história das "compras milionárias" da presidenta, já que ia se não ofuscar, pelo menos competir com as manchetes do discurso na FAO. A reportagem do veículo italiano demonstrava, desse modo, que as agressões midiáticas a seu governo não eram um fator apenas local ou regional, mas trespassava os continentes.

Todo o material do Della Sera, porém, se revelou um embuste, ou, como se diz, mais modernamente, uma reles *fake news*. Isto foi o que comprovou a justiça italiana cinco intermináveis anos depois, ao ser provocada por uma ação pessoalmente movida pela Sra. Kirchner.

Ao condenar o Della Sera, seu diretor e a jornalista Maria Gisia Faschieti, autora da matéria, "por real malícia" e "falsas acusações", como diz a sentença da Corte de Apelações de Roma.

Com efeito, a notícia italiana esmerava-se em requintes de detalhes capazes de perturbar qualquer cidadão habituado às muitas barrigas da mídia, bem antes de se falar em pós-verdade. Na reportagem, o jornal esbalda-se nos pormenores das "compras" de Cristina, inclusive, ao "conversar" com os vendedores da boutique Enigma, uma das mais caras da Europa. "Ela gostou muito de nossas linhas exclusivas de design", confirmou uma das atendentes ao *Corriere*: "O preferido? Os brincos conchilla em jato, mineral fóssil de 30 mil anos atrás".

O rosário de invencionices, como depois reconheceu o próprio jornal, depois de condenado pela justiça local, ainda descia a outras "minúcias": "Seu preço básico (o das conchillas em jato) é de 50 mil euros, mas o modelo "bling bling", com o conjunto de diamantes, atinge os 100 mil".

Cristina resolve, então, acionar o jornal. Como é de praxe na mídia corporativa, em qualquer lugar, no Brasil, Argentina ou em Londres, o *Corriere*, pelo seu editor Paolo Mieli, primeiramente, tentou subestimar o processo da presidenta, exilando-o a um pé de página, quando perdeu na primeira instância, em 2013, quase cinco anos depois. Arrogante, avisou que seus advogados "recorreriam da condenação", por estar seguro de que Maria Gisia Faschieti, a jornalista autora da reportagem "teve informação da parte de fontes confiáveis".

No processo que ganhou contra o jornal, mais uma multa de 41 mil euros por danos morais, dinheiro que destinou a uma instituição de caridade de La Plata, Cristina assinalou: "O passeio de compras jamais existiu. Os registros oficiais de protocolo e segurança italianos que acompanharam a presidente argentina em todos os seus deslocamentos por Roma estão ali para demonstrar a absoluta falsidade do publicado pelo jornal."

Conclusão da presidenta: "o matutino tinha escrito e publicado uma nota, estando plenamente consciente de que seu conteúdo era falso e injurioso". Ela, mais tarde, diria, em seu livro *Sinceramente*, que "existe uma premeditação e uma planificação para a difamação que giram sobre uma obsessão: a estigmatização dos líderes populares."

Entende que "não era coincidência, eram ataques planejados e sistematizados". No livro, ela recorda que a revista argentina Notícias, de 7 de setembro de 2012, veio com uma capa tomada pela manchete: "O gozo de Cristina", ao lado de uma caricatura, retratando-a em transe de orgasmo, com o que, supostamente, caracterizava seu "desmedido desejo de poder". "Verdadeiramente escatológico", afirma Cristina no livro, apontando para um trecho da reportagem: "Cada dia se mostra mais desenfreada, mais sensual e até com olhares desavergonhados".

Procurando demonstrar que a reportagem não era uma peça isolada, mas um ardil para desacreditar seu governo em véspera eleitoral: "Claro", insistiu, "esta capa foi publicada seis dias antes do caçarolaço contra a decisão de regular a venda de divisas, que o poder midiático batizou de "cepo ao dólar". Quatro dias antes das eleições (presidenciais) de 27 de outubro de 2015, um de seus jornalistas-estrela confirma e detalha minha bipolaridade. Deram uma manchete: "Diagnóstico final". Queriam me botar para fora, a mim ou aos nossos candidatos da corrida eleitoral como fora. Era sua forma de alavancar a candidatura de Maurício Macri".

XIII
O doce prazer da mentira

O JORNALISTA VÍCTOR HUGO MORALES ESCREVEU UM LIVRO – *MENTIME que me gusta* (Minta que eu gosto) –, em que analisou as manchetes dos grandes jornais argentinos, durante o ano de 2014. Nesta pesquisa, diz ter descoberto 150 mentiras cabais contra os governos Kirchner, concentrando-se em 50 delas, para melhor situá-las e explicar seus mecanismos de manipulação.

Ele conclui que muitas dessas mentiras, na maioria, denúncias forjadas de enriquecimento ilícito e lavagem de dinheiro, foram aceitas por uma parte do público, pelo menos num primeiro momento, porque a mídia contava com um leitor cúmplice que queria ser enganado.

Esse leitor, diz ele, era constituído de pessoas, as quais, no afã de argumentar e, sendo muito débil a tese que defendia a direita, aceitavam todo tipo de informação que lhe fizesse pensar, no sentido de que havia uma corrupção desenfreada na era kirchnerista. Eram acusações falsas, na maioria das vezes, segundo disse ter comprovado, mas que serviam de instrumento aos setores oligárquicos que combatiam Cristina e o peronismo.

– Havia uma única maneira de desacreditar o coletivismo, que conduziu Cristina em seus governos – explica Morales. A questão não era para discutir as políticas públicas realizadas nos seus 12 anos, e sim para ofuscá-las ou escondê-las, pois o neoliberalismo é, intrinsecamente, egoísta, absorvente e concentrador de riquezas. Como não tem argumentos para se opor àquelas políticas que, na essência, visavam expandir as riquezas, prioriza e espetaculariza denúncias de irregularidades até converter Cristina, para a gente que acredita na versão midiática, na imagem da corrupção.

No seu entender, o neoliberalismo construiu, com seus onipresentes meios de comunicação, uma espécie de núcleo duro de ódio cego a Cristina, em camadas altas e médias da população, que oscilam entre 30 e 35%, dentro do eleitorado. A estes se contrapõem outros 30 ou 35% que amam Cristina, incondicionalmente. Finalmente, um terceiro segmento, também de 30 a 35%, flutua, indiferentemente, da questão política e que julga em função dos interesses do momento. Este último setor, que foi, igualmente, influenciado pela versão corporativa, começa agora a sentir na pele os efeitos das políticas do atual presidente Maurício Macri, que resultaram nos aumentos desbragados dos preços, no descontrole da inflação que ele jurou conter, no desemprego e na perda expressiva do poder aquisitivo.

– Essa gente se sente enganada pela mídia e irritada com Macri. Agora, sabe que ele não é nada mais que um gerente dessa corporação midiática e econômica e, em função disso, ficou um pouco desorientada, como se estivesse pedalando no ar. Vai ser um tanto custoso para ela, pelo que disse e pensou de Cristina, votar na chapa Fernández-Fernández, mas, seguramente, não vai apoiar Macri.

Vitor Hugo Morales, jornalista, radialista e escritor nascido no Uruguai e vivendo há 38 anos na Argentina, é uma voz querida, nacionalmente, desde seus tempos de locutor de futebol, quando narrava as grandes partidas e copas do mundo. Ultimamente, se tornou num dos maiores críticos da hegemonia da mídia corporativa, sobretudo do Grupo Clarín, de quem sofreu raivosa e interminável perseguição e assédio moral e profissional. Ele atribui ao grupo de Magnetto as demissões que sofreu nas várias TVs e rádios, em que atuava como comentarista político, embora ainda continue com programas diários em rádios e TVs opositoras, sempre com boa audiência. Morales também culpa Clarín por uma série de processos na justiça, alguns movidos diretamente pelo diretor, Hector Magnetto. Um desses processos levou a polícia a invadir sua casa, numa daquelas clássicas batidas de busca e apreensão, autorizadas por um juiz, prática muito conhecida entre nós brasileiros. Nessa batida, em que no apartamento só se encontrava sua mulher e a empregada, lhe levaram uma coleção de quadros, que considera "um capital afetivo e moral".

Algumas dessas notícias falseadas sobre Cristina, a que se refere Morales e que também circulam nas redes sociais, têm sido flagradas pelos sites de verificação (*fact-checking*), inclusive do próprio Facebook. Numa delas, um vídeo mostra uma montanha de dinheiro na casa da ex-presidente da Argentina Cristina Kirchner.

Post de 3 de abril de 2019, do site Lupa.com[10], vinculado ao jornal brasileiro *Folha de S. Paulo* e ao Facebook, analisou o material das imagens e constatou que elas integram, na verdade, uma exposição do artista espanhol Alejandro Monge, postadas por ele mesmo em sua conta do Instagram, onde disponibiliza diversas fotos do processo que denomina construção de arte.

Explica Lupa.com, primeira agência de *fact-cheking* do Brasil, que tais imagens circulam desde março de 2019. A "montanha de dinheiro", como verificou, já foi associada a políticos de diversos países, como Rússia e Camarões, na África. Na Nigéria, uma candidata presidencial, Eunice Atueijide, postou esse mesmo vídeo em sua rede e a atribuiu ao seu adversário Asiwaju Bola Tinubu. O próprio artista Alejandro Monge vem publicando em sua conta no Instagran[11] as notícias falsas que aparecem sobre a sua obra. Essa informação, segundo o Lupa, foi também verificada pelo Boatos.org e pelo projeto Estadão Verifica.

---

[10] https://piaui.folha.uol.com.br/lupa/2019/04/03/verificamos-cristina-argentina-dinheiro/

[11] https://piaui.folha.uol.com.br/lupa/wp-content/uploads/2019/04/alejandromonge.jpg

Sobre as falsificações na internet, o jornalista de *O Globo*, Pedro Dória, afirmou, num artigo, de 14 de julho de 2019, intitulado "Falsificação de vídeos virou brincadeira de criança"[12] que "o GitHub baniu de seu site o código do programa DeepNude. E, sim, para quem não vive nas profundas da internet, a frase requer explicação. Porque, por trás dela, está provavelmente a maior ameaça ao próximo ciclo eleitoral do mundo. Uma ameaça que vem se insinuando faz tempo, já meio que deu as caras até em pleitos aqui do Brasil, e parece ter chegado, este ano, à maturidade. Será assustador" diz.

"GitHub", explica, "é uma empresa da Microsoft. Serve como o repositório para o código de *softwares* escritos de forma colaborativa. A última versão está sempre lá, quem ao redor do mundo trabalha em novidades troca ideias por ali, e como todos sabem o que os outros fazem, fica mais fácil organizar o trabalho de programação. Ao longo do último mês, aportaram no GitHub algumas versões do *software* DeepNude. O nome – DeepNude – já insinua do que se trata. Escrito inicialmente por um programador anônimo, o app usa uma tecnologia chamada redes neurais artificiais para pegar a fotografia de uma mulher, qualquer mulher, e a partir dela, em poucos segundos, produzir uma imagem da moça nua. Redes neurais replicam o funcionamento do cérebro, permitindo que o *software* aprenda a partir de exemplos. É uma das formas de inteligência artificial. DeepNude é de uma simplicidade atroz. Importe a foto, ele produz a imagem em segundos. De um realismo que não basta dar zoom para encontrar sinais de edição. É aquela mulher. E ela está nua", conclui o artigo.

[12] https://oglobo.globo.com/economia/falsificacao-de-videos-virou-brincadeira-de-crianca-23800963

XIV
Stornelli, Bonadio, Sérgio Moro e Dallagnol

O juiz Claudio Bonadio e o procurador Carlos Stornelli são desses personagens muito celebrados pela mídia, que lhes reserva espaços generosos e encômios desmesurados. Por isso, acabam virando heróis nacionais, até pelo menos quando são descobertas suas verdadeiras identidades. Como já deve ter verificado o distinto leitor, este não é um fenômeno só argentino, porque a praxe também ocorre, por exemplo, no Brasil, onde a força-tarefa Lava Jato fez do ex-juiz Sérgio Moro e do procurador Deltan Dallagnol homens quase beatificados, por terem, supostamente, conduzido o que se alardeava ser a maior investida anti-corrupção da história. Neste caso, também, até que o público fosse informado da real natureza das formas de trabalho dos dois dignitários brasileiros, como se ficou sabendo através site *The Intercept Brasil*.

Fixemo-nos, primeiramente, em Carlos Stornelli, por estar ele mais em voga, depois que passou a comandar o "Caso dos Cadernos" e a pedir a prisão preventiva da ex-presidenta e atual senadora Cristina Kirchner. Depois, examinaremos aqueles outros três mitos que sacudiram, não só os dois países vizinhos, mas toda a América Latina, numa fúria moralista jamais presenciada nestas plagas.

Carlos, 59 anos, é advogado, funcionário do Ministério Público Fiscal e, desde 1993, atua como fiscal (procurador) da Fiscalia (Procuradoria) Federal Nº 4. Sua família era prestigiada na última ditadura: o pai, tenente-coronel Atílio Stornelli, liderou, em 1976, a intervenção na ex-Rádio Belgrano. Muitos anos depois, em 2019, um subordinado hierárquico de Atílio, o motorista e ex-militar Oscar Centeno (que servia a Roberto Baratta, assessor do ex-ministro de Planejamento Julio de Vido) apareceria como autor dos chamados *Cadernos*. Tais *Cadernos* denunciariam uma articulação de empresários nacionais para corromper funcionários dos governos Kirchner, em troca de favores. Coincidentemente, Stornelli, filho de Atílio, foi designado, por determinação do juiz Claudio Bonadio, procurador responsável pela Causa das Fotocópias dos Cadernos, como ficou conhecida oficialmente, e que, depois de haver provocado um reboliço nacional, com manchetes na mídia corporativa, por vários meses, determinou a prisão de vários figurões da república ligadas ao que a imprensa denomina "rota K".

O escândalo dos *Cadernos* havia sido publicado pelo jornal *La Nación*, em primeiro de agosto de 2018, tendo o jornalista autor das reportagens, Diego Cabot, contado que recebera o material através da ex-mulher do ex-motorista. Cabot depois recebeu o Prêmio Internacional de Jornalismo Rei da Espanha, pelo trabalho *Os Cadernos de las coimas* (Os cadernos das propinas).

Detalhe intrigante: os tais *Cadernos* não eram exatamente cadernos, mas supostas cópias xerografadas, já que, como Centeno declarou em juízo, ele mesmo, Oscar Centeno, tinha queimado os originais na churrasqueira da casa dele[13]. Outro pormenor curioso: as fotos dos cadernos que teriam sido escritos entre 2009 e 2011, revelavam, pelo modelo de suas capas, que só começaram a ser vendidos (comercialmente) na metade de 2012, indicando que jamais poderiam ter sido escritos antes de existirem.

Pouco depois, uma outra causa, iniciada pelo empresário Pedro Etchebest, em Dolores e entregue ao juiz Tarcisio Padilha, que investiga Marcelo D'Alessio, até aí tido como advogado. Nesta causa, Marcelo D'Alessio, é denunciado como tendo invocado o nome de Carlos Stornelli, para extorquir pessoas denunciadas nos *Cadernos*, exigindo-lhes a entrega

[13] https://www.clarin.com/politica/cuadernos-coimas-juez-bonadio-ordeno-excarcelacion-oscar-centeno_0_S1_8qGmSQ.html

de dinheiro para que não fossem detidas. D'Alessio foi preso, enquanto Stornelli, imputado por extorsão em "operações de inteligência e espionagens ilegais". Stornelli se negou a depor ante juízo e continuou solto.

A jornalista Débora Maibares[14], conta em matéria reproduzida pelo site brasileiro desacato.com, o que aconteceu nas investigações sobre Marcelo D'Alessio, personagem apresentado na mídia como um 'expert em narcotráfico' e habitual colunista dos principais meios escritos, de rádio e televisão: "Numa das invasões de domicílio realizadas, foram achadas armas de guerra que só se encontram no Exército e nas forças de segurança dos Estados Unidos e Israel. Ademais, foram encontrados dez carros de luxo, equipados com balizas policiais; um caminhão Scania; uma carteirinha da agência norteamericana DEA (*Drugs Enforcement Administration*); coletes antibalas da agência estadunidense FBI (*Federal Bureau of Investigation*) e uma grande quantidade de documentação cuja importância ainda não se conhece.

Foquemos agora em Claudio Bonadio, o juiz que iniciou 17 processos contra a presidenta Cristina Fernández, com seis pedidos de prisão preventiva, simplesmente reproduzindo o início do verbete respectivo da Wikipedia em espanhol, por nós traduzido[15]:

Cláduio Bonadio (San Martín, 1956) é um advogado e juiz federal argentino, conhecido por haver comandado várias causas de forte repercussão, algumas das quais envolvendo altos funcionários políticos dos governos, entre outras, causas de alto impacto na opinião pública. Também é conhecido por ter sido o juiz mais famos do "Caderno de Corach[16]" e ser o juiz federal de ter contra si mais denúncias imputações.

---

[14] http://desacato.info/macri-e-a-avalanche-o-maior-escandalo-da-historia-argentina/

[15] https://es.wikipedia.org/wiki/Claudio_Bonadio#cite_note-2

[16] Em 1996 Domingo Cavallo denunciou que Carlos Corach, que então ocupava o cargo de Ministro do Interior, escreveu em um guardanapo os nomes dos juízes federais alinhados com as decisões e desejos de Carlos Menem, presidente da Nação. Segundo o denunciante, essa lista – conhecida popularmente como "juízes do guardanapo" –, incluía os nomes de Carlos Liporaci, Adolfo Bagnasco, Claudio Bonadío, Gustavo Literas, Jorge Ballestero, Jorge Urso, Rodolfo Canicoba Corral, Carlos Branca e Norberto Oyarbide (Wikipedia).

Ao longo de sua carreira, acumulou mais de 51 denúncias penais e várias imputações. Em 2015, acumulava 17 causas penais e 75 denúncias no Conselho da Magistratura, por associação ilícita e mau desempenho, proteção a redes de narcotráfico, enriquecimento ilícito e crescimento patrimonial injustificado, entre outros delitos.

Ao contrário dos dois caça-corruptos argentinos, os brasileiros Sérgio Fernando Moro (juiz, 47 anos) e Deltan Martinazzo Dallagnol (procurador, 39) são homens jovens, sem envolvimento político civil nem com a ditadura militar, que fizeram carreira a partir de concursos públicos. Tinham tudo para formar aquele perfil ideal de funcionário impoluto e até incorruptível, embora seus métodos discricionários e ilegais em mais de cinco anos de condução da Lava Jato não tenham passado desapercebidos. Mas, como eram cobertos pela blindagem midiática, algumas extrapolações da lei, como a divulgação de escutas ilegais da presidenta Dilma Rousseff e a condução coercitiva, seguida de invasão do apartamento do ex-presidente Lula, não chegaram a tisnar suas reputações no grande público.

Só com a divulgação, em junho de 2019, pelo site *Intercept Brasil*, do jornalista americano Glenn Greenwald, das mensagens pessoais entre os dois juristas, trocadas até 2016, através do site Telegram, considerado o mais seguro anti-*hacker*, foi possível conhecer a real dimensão dos seus métodos e propósitos. Quando isto ocorreu, o juiz já tinha renunciado à toga, para receber o superministério da Justiça e da Segurança, que estava muito à frente das pesquisas presidenciais, e, dessa forma, possibilitar a eleição de Jair Bolsonaro, colocado em segundo lugar. Mas nem isso furou a couraça do já agora ex-juiz, ainda que, naquela condição, continuasse com mais poderes sobre a Lava Jato, e sua nomeação para o posto mais importante foi saudado como um "gol de placa" pelo novo governo.

Embora inviabilizado pela cadeia de TVs, rádios e jornais da Globo, a principal beneficiária dos processos envolvendo políticos e empresários, as filtrações do *Intercept* conseguiram furar o monolítico bloco midiático, possibilitando assim que o escândalo chegasse à opinião pública. A decisão do jornal *Folha de S. Paulo*, da Revista Veja e da cadeia Bandeirantes, da Jovem Pan e da própria Rádio CBN, da própria Globo, de noticiar os achados do *Intercept*, romperam as comportas, elevando o tema para o centro dos debates nacionais. Sérgio Moro foi chamado a explicar-se no Senado e na Câmara, e a Ordem dos Advogados do Brasil, depois de reunir suas delegações em todo o país, requereu a renúncia do ministro.

As mensagens entre Moro e Dallagnol, publicadas, a conta-gotas ao longo de meses, revelam que o juiz violou a Constituição, ao dar acesso privilegiado à acusação, auxiliou o Ministério Público a construir os casos contra os investigados, ordenou modificação nas fases da operação, cobrou agilidade em novas operações, forneceu conselhos estratégicos, antecipou decisões, deu pistas informais e sugestões de recursos ao Ministério Público.

As revelações do *Intercept* apontam ainda para uma irrefreável inclinação do procurador Deltan Dallagnol para enriquecer às custas do prestígio da operação, quando foi captado dizendo: "Vamos organizar congressos e eventos e lucrar, ok? É um bom jeito de aproveitar nosso *networking* e visibilidade", escreveu, em dezembro passado. Em outra mensagem, o procurador se mostra animado com o reforço em sua conta bancária: "Se tudo der certo nas palestras, vai entrar ainda uns 100k (R$ 100 mil) limpos até o fim do ano. Total líquido das palestras e livros daria uns 400k (R$ 400 mil)". Dallagnol ainda é objeto, junto com outros procuradores federais, de procedimento da Corregedoria da Procuradoria-Geral da República (PGR), por conta do acordo da Petrobrás com o Departamento de Justiça dos EUA, pelo qual a Petrobrás destinaria R$ 2,5 bilhões a uma fundação comandada pela Lava Jato. O ministro Gilmar Mendes, do Supremo Tribunal Federal, denunciou que a manobra visava criar uma "fundação anticorrupção", que tinha como objetivo financiar eleições futuras. A Lava Jato ainda tentou se explicar, mas acabou se enredando ainda mais nas próprias contradições, sobretudo depois que Dallagnol se negou a atender um convite da Câmara dos Deputados. Em nota que distribuiu à imprensa, a operação, com sede em Curitiba, no estado do Paraná, que tem o procurador como seu principal condutor, se disse "vítima de ação criminosa de um *hacker* que praticou os mais graves ataques à atividade do Ministério Público". Não obstante, o próprio Telegram comunicou, em nota oficial, não ter sofrido nenhum ataque de *hacker*. Nem Moro nem Dallagnol tampouco conseguiram negar a autenticidade das gravações.

O problema não é só moral nem legal, já que a caça às bruxas que a Lava Jato vem realizando, com intensa cobertura midiática e judicial, implicou sérios prejuízos à economia e à população. Segundo o site da revista Exame[17], a operação, que completou cinco anos, em 17 de março de 2019, e cujo fim "não parece perto de acontecer", coleciona 2.252 anos de condenações para 159 réus e mantém 11% de seus 426 denunciados na cadeia, por crimes de corrupção, lavagem de dinheiro e caixa 2 de campanha.

No final, a ensandecida cruzada moralista brasileira acabou causando a destruição de quase três milhões de empregos, muitos deles altamente qualificados, com a quebra de empresas nacionais do mais alto nível, como a Odebrecht, Andrade Gutiérrez, Camargo Corrêa, OAS, UTC, Engevix, Mendes Júnior e Queiroz Galvão. A Odebrecht, por exemplo, passou de 276 mil para 48 mil funcionários, quando pediu recuperação judicial, em junho de 2019, mergulhada em dívidas de R$ 95,8 bilhões ou US$ 23 bi. A operação provocou, igualmente, a queda abrupta das atividades da Petrobrás, uma das maiores estatais de petróleo. A empresa, que comandava uma cadeia de produção envolvendo cerca de um milhão de empregos, foi ainda atingida em sua

---

[17] https://exame.abril.com.br/brasil/cinco-anos-da-lava-jato-os-resultados-e-desafios-da-operacao/

imagem, sobretudo no plano internacional, onde desfrutava de grande prestígio. Ainda por cima, foi obrigada a pagar multas de mais de US$ 10 bilhões à justiça americana, por ter sido acusada pela própria justiça brasileira de causar danos financeiros a seus acionistas estadunidenses.

XV
Cristina de vice-presidente

Em 19 de maio de 2019, o panorama latino-americano ainda estava carregado de presságios com o neoliberalismo avançando, apesar da razia que vinha provocando nos direitos sociais e na soberania dos povos desta parte do mundo. Houve a deposição de Dilma Roussef, no Brasil, em 2016, em um golpe parlamentar, que propiciara a ascensão do vice-presidente Michel Temer, pinçado como interventor do mercado, para promover as reformas dilapidadoras da educação e das leis trabalhistas e econômicas. Finalmente, a eleição repentina do candidato ultradireitista brasileiro Jair Bolsonaro ainda ribombava na Argentina, cinco meses depois, não obstante o desastre que marcara os três anos e meio do seu congênere Maurício Macri e cuja blindagem midiática ameaçava assegurar-lhe a reeleição. É verdade que a vitória do progressista López Obrador, no México, em julho de 2019, representou uma certa distensão para aquele panorama desolador, sobretudo pela sua postura e compromisso nacionalistas. Mas o México continuava ainda muito imprensado com a truculência da política de Donald Trump, nos Estados Unidos, de um lado, e os governos satélites do resto da América Latina, à exceção de Cuba, Venezuela, Nicarágua e Bolívia, de outro. A indômita resistência da Venezuela, junto com a de Cuba, que também voltava a ser ameaçada, constituía algum incentivo às forças sociais platinas neste ano eleitoral. Entretanto, sua principal liderança, Cristina Kirchner, que realizara um governo inovador e soberano no período anterior, era objeto de inclemente investida midiática, judicial e política, que exigia todo cuidado para que ela não fosse abatida em pleno voo.

Era preciso muita inteligência, astúcia e criatividade para driblar aquele cerco de ferro e isto parece ter sido tentado na manhã daquele sábado 19 de maio, quando ela, inopinadamente, anunciou, por um vídeo, que seria candidata a vice-presidente, numa chapa liderada por Alberto Fernández, seu antigo ministro-chefe de gabinete. Muitos não entenderam o lance, porque Alberto não era nem um nome de peso eleitoral, só tendo sido deputado havia mais de 30 anos, nem detentor de carisma popular. Ele ainda havia estado brigado por 11 longos anos com Cristina, depois que esta o demitiu da chefia de gabinete, em 2008. Ninguém lhe negava, com efeito, os atributos de negociador e a capacidade de diálogo com o refratário mundo dos altos negócios, da grande mídia e também as indomáveis correntes internas do peronismo. Estava ali o homem adequado, principalmente, por seu perfil moderado, para aquilo que se visualizava como a difícil transição de poder. Ganhando de Macri, o novo governo terá de enfrentar o rombo provocado pelo aumento exponencial da dívida, que acelerava a inflação e reduzia a pó o poder aquisitivo. O importante, então, não era apenas ganhar a eleição como também conseguir a governabilidade, num ambiente altamente hostil e polarizado que o país vivia.

Cristina entendeu, que apesar de sua alta popularidade e, de longe, a maior liderança do país, necessitava de um suporte para conduzir o longo processo pela frente. Sozinha, dificilmente, ganharia, a não ser num golpe de sorte, o que não lhe garantiria estabilidade. Como todas as portas lhe estavam fechadas nos métodos convencionais, decidiu partir para a forma heterodoxa: ela achou melhor se colocar na posição secundária de vice-presidente, inclusive para assegurar a coerência da chapa liderada por Alberto, que, no poder, como qualquer candidato vencedor, está sempre sujeito às cooptações e aos condicionamentos do poder real, o sistema econômico.

Na Argentina, o vice-presidente, numa cópia do sistema presidencialista americano, preside o Senado, inclusive comandando as sessões.

A partir daí, sua experiência de quase de 20 anos no Parlamento, além da força eleitoral e popular, constituiria o anteparo adequado para o cumprimento dos compromissos programáticos e estratégicos. Tal condição, sem dúvida, imprimiria uma característica nova de coparticipação no governo, para, inclusive, assegurar viabilidade às desafiadoras medidas que teriam de ser adotadas.

A fórmula, apesar de complexa, foi bem assimilada pelo conjunto da militância e facilitou o paciente trabalho de reconciliação das correntes peronistas, que haviam se dispersado na eleição de 2015, favorecendo a vitória de Maurício Macri. Provocou, é claro, a reação raivosa da direita, em particular, de seu braço midiático, que não esperava uma manobra tão ardilosa do que julgava ser sua presa acuada. Os receios quanto à falta de estofo eleitoral do candidato tampouco se confirmaram, como revelaram pesquisas já incluindo o nome de Alberto, as quais atestavam até um certo crescimento da chapa opositora. O simples fato político de seu lançamento, em si, em particular, devido ao fator surpresa (positiva), teve ainda o condão de desarmar os espíritos, a ponto de acalmar os mercados, conter o dólar e a inflação. Ora, isso deu uma certa estabilidade ao quadro político e ao próprio governo, que ninguém quer ver derrubado em véspera de eleição. Outro efeito da nova chapa foi de ter inviabilizado, no nascedouro, uma terceira alternativa, fora da polarização Cristina-Macri, liderada por um peronista dissidente, possivelmente o ex-ministro da Economia, Roberto Lavagna.

O marqueteiro político Diego Brant observa, por exemplo, em conversa com o autor, que, se não tivesse surgido a chapa Fer-Fer, Lavagna, com seu prestígio de ministro da Economia de Duhalde de Néstor Kirchner, poderia retirar muitos votos de Cristina, viabilizando--se como força eleitoral independente. Caso não ganhasse, poderia assegurar a vitória a Macri, conclui.

Alberto Fernández se mostrou igualmente eficaz na reconquista de seguidores importantes do peronismo que desafiavam a liderança de Cristina, em função de projetos pessoais ou de simples adesão a qualquer governo de plantão. Em meados de julho de 2019, a três meses da eleição, ele já teria conquistado cerca de 70% de unidade peronista.

Persisitiram, todavia, os prognósticos catastrofistas da mídia e do núcleo duro da direita, que temem a volta de Cristina, mesmo que na condição vice, pois acreditam que ela vai acabar mandando na agenda de Alberto. Contribuiria, por outro lado, segunda essa visão, com a instalação de uma dualidade de poder, um prato cheio para a turbulência econômica e inquietação nas ruas.

Tal perspectiva é rechaçada pelos defensores da chapa para quem, tanto Alberto Fernández, como Cristina Kirchner, que tiveram uma convivência de mais de dez anos no governo de Néstor e no início de seu próprio governo, são bons profissionais e experientes que não vão se enredar em golpes palacianos. A ex-deputada e ex-embaixadora Juliana Marino, que assessora a campanha, no Instituto Patria, *think-tank* criado por Cristina, sustenta que Alberto Fernández tem todas as credenciais para liderar a eleição nas atuais circunstâncias: "Ele é um homem prudente. Um neoliberal, nós sabemos e respeitamos. Mas não é daqueles neoliberais anti-direitos.

XVI
Integração latino-americana

Em cinco de março de 2013, a morte de Hugo Chávez, ainda que longamente esperada, abriria um vácuo na liderança progressista da América Latina. Fidel Castro sobreviveria como a grande referência, mas sem a mobilidade do operador que por mais de 50 anos empolgou o continente. A idade e as sequelas da doença que o afastaram do governo, em 2006, lhe prescreviam repouso e recolhimento.

Chávez, muitas vezes apontado como o sucessor de Fidel nas lutas libertárias, tinha sido mais do que isso nos quase 15 anos de poder: foi uma presença constante, que com sua energia, simpatia e entusiasmo, contagiava até os mais céticos. Viajando intermitentemente tanto pela Venezuela, como pela América Latina, Oriente Médio, África, Europa, Rússia e China, ou acionando o celular para a comunicação direta com seus pares dos países irmãos, ele acendeu uma vontade de mudança e de união, que arregimentava as multidões, lideranças e governos emergentes na busca de soberania e de progresso para os povos.

Suas gestões estratégicas redundaram na ressurreição da OPEP, resgatando o preço do petróleo, que foi de oito para cem dólares o barril; na multiplicação do intercâmbio entre os países do antigo terceiro mundo e, especialmente, na criação da Petrocaribe, da Unasul, da CELAC, do Banco do Sul e no auxílio dos petrodólares aos países endividados da América Latina. Mais do que tudo, porém, estava sua atenção em mobilizar os emergentes de todos os quadrantes a se voltarem para si mesmos, na busca de resolver seus problemas internos, e com isso diminuir a pressão e a cobiça das grandes potencias.

O desaparecimento de Chávez, inevitavelmente, aguçou as pretensões imperiais e os conflitos internos, obrigando os governos progressistas a centrar suas preocupações na própria sobrevivência. Premidos ainda pelos efeitos da crise econômica mundial, iniciada em 2008, e a intensificação das ações golpistas cada vez mais audaciosas e predatórias, a luta integradora parecia comprometida e sem uma condução clara.

O ex-presidente Lula da Silva, alinhado na maioria das vezes com Chávez, era impedido constitucionalmente para pleitear um terceiro mandato. No encaminhamento da candidatura da correligionária petista e ministra da Casa Civil, Dilma Rousseff, que escolheu *in pectore*, ele teve de fazer concessões internas dentro da múltipla coalizão articulada para elegê-la e empossá-la. O fato determinou outro ritmo no alinhamento com a integração antes conduzida pelo presidente-operário. Dilma, uma ex-guerrilheira e presa política da ditadura, era de plena confiança, mas não tinha o carisma e nem a providencial astúcia do antigo torneiro mecânico.

O vazio provocado deixado por Hugo Chávez abateu-se mais fortemente no Brasil progressista: "Sinto falta do Chávez, da persistência das suas visitas, dos seus telefonemas, que nos mantinham integrados e atentos", dizia o ex-presidente. Lula, tido como o mais talhado para substituir o mito de Hugo Chávez, sentia-se, entretanto, mais vocacionado para a política interna de seu país. Recusou suceder a Néstor Kirchner na chefia da Unasul, preocupado talvez em descuidar da retaguarda interna no Brasil, onde as pressões se amontoavam para torpedear o governo de Dilma.

Lula e Dilma, como Nicolás Maduro, o sucessor de Chávez na Venezuela, Rafael Correa, do Equador, Evo Morales, da Bolívia, Pepe Mujica, do Uruguai, Daniel Ortega, da Nicarágua, enfrentaram pesada artilharia externa, que os manteve menos ativos na luta pela unidade continental.

A ofensiva desestabilizadora no país de Chávez, onde Maduro, tendo que lidar com incêndios em universidades e estações do metrô, foi outro senão que tolheu a ação diplomática do antes proativo chanceler.

Na Argentina, a morte intempestiva de Néstor Kirchner, em 27 de outubro de 2010, estimulou os apetites da velha ordem neoliberal, da qual a viúva e presidenta Kirchner era alvo de intermináveis surtos violentos de ataques à economia e às instituições. Cristina Fernández de Kirchner, talvez por sua convicção e formação peronista, tenha sido a que mais entendeu e assimilou o papel de Hugo Chávez na libertação latino-americana, não obstante situar-se naquele país a direita mais rancorosa da região. Mesmo debaixo de intenso fogo inimigo, ela conseguiu dar prioridade à unidade continental, inclusive porque sabia que sem o respaldo dos países emergentes, seu governo não conseguiria ir muito longe.

Sem ser militar, mas dotada de alto grau de geopolítica, a presidenta argentina entendia, como Chávez, que a experiência progressista do seu governo como os outros da região, dificilmente sobreviveria diante de um cuidado menor com a unidade.

Nisso, ela não parece ter duvidado em nenhum momento. Ao contrário, concentrou todas as suas forças e atenções. Tampouco desconhecia a magnitude da tarefa, que custou a vida de Chávez, mesmo ela que não gozava de boa saúde. Na tarefa, revelou uma determinação inquebrantável, como demonstrou diante do desaparecimento de Néstor e do persistente assédio midiático.

Ela se credenciava dessa maneira a ocupar o papel de Chávez, ainda que à sua própria maneira, mais sutil, porém, não menos efetiva.

Com efeito, a situação interna de Cristina a obrigava a agir com muito tato, pois, não tendo o desembaraço do líder venezuelano, que abria o peito e enfrentava os poderosos, trabalhava com uma realidade bem mais distinta em seu país. Lá, não havia os petrodólares para atrair as alianças nem o respaldo dos militares para assegurar a paz doméstica. Na Argentina, as forças da reação estavam encravadas em setores muito sensíveis e decisivos, como os militares, os sindicatos da direita, inclusive a peronista, e a influente classe média, na maior parte envenenada contra a imagem da mulher presidenta.

Por esta razão, Cristina, vítima ainda de vários internamentos hospitalares por causa da saúde frágil, os quais a afastaram fisicamente em alguns momentos cruciais da política argentina, manteve um *low profile* na sua atuação internacional. Esta se concentrava mais no intenso uso do telefone do que nas visitas presenciais. No caso do Brasil, país historicamente alvo das grandes potencias desde a colônia, pela imensidão de seu território e recursos naturais, Cristina visitou poucas vezes, mas seus contatos estreitos com a presidenta Dilma Rousseff e, particularmente, com o ex-presidente Lula da Silva, contribuíram demasiado para o engajamento da maior potencia regional na integração.

Igualmente limitados pelas contingências, não apenas dos setores concentrados como pela heterogeneidade da coalizão partidária de governo, além das contradições internas do PT, o partido governista, tanto Lula como sua sucessora tampouco podiam se expor a maiores rasgos. Neste aspecto, as duas presidentas se entenderam muito bem e como eram movidas pelo objetivo maior de união, não negaram fogo na hora de resolver as questões mais tormentosas. Entre elas, destacam-se o golpe congressual no Paraguai, que afastou o presidente Fernando Lugo, fato que acabou resultando, por tabela, no ingresso da Venezuela no Mercosul, a guerra econômica seguida dos distúrbios de rua contra o presidente Nicolás Maduro, a defesa da soberania argentina sobre as Ilhas Malvinas, e, finalmente, a reação contra o pagamento aos chamados fundos abutres, que ameaçavam detonar outra vez a economia do país platino.

Em todos esses casos, o papel de Cristina Kirchner foi determinante, graças à sua insistência em manter o espírito de cooperação dos governos. São inúmeros os telefonemas que ela dispara regularmente para Dilma, Lula, Maduro, Evo Morales, Rafael Correa, Pepe Mujica, Daniel Ortega, Michelle Bachelet. Ela tampouco deixa de fora governantes conservadores como Juan Manuel Santos, da Colômbia, Horacio Cartes, do Paraguai, e Enrique Peña Nieto, do México, que também deram o seu quinhão na diminuição das tensões.

Não fora a persistência de Cristina Kirchner em manter um mínimo daquela dinâmica comunicacional do líder venezuelano, que forjou a tão ansiada unidade da região, a história poderia ter sido contada de outra maneira.

Pegada ao telefone e arrostando mil e um problemas em casa, Cristina tinha a visão de que os ataques contra a integração tenderiam a vir cada vez mais violentos e arrasadores e por isso era fundamental manter a chama da unidade, custasse o que custasse.

Mas a história, como a vida, muda tudo, num lance de minuto, e eis que Cristina não consegue dar continuidade ao seu projeto nacional, que é atropelado por novo surto do neoliberalismo, que arrasta a Argentina e o Brasil, quase de um só golpe. Esta virada, que logo terá sérias repercussões no Mercosul e nas pressões sobre a Venezuela e Cuba, além da caçada judicial que fustiga Cristina e manda prender Lula, também começa a perder o seu ímpeto e já não evita a força do processo social, no México e na própria Argentina. Quem diria que o México, ali no colo dos Estados Unidos, poderia eleger um presidente progressista do quilate de López Obrador, que iria iniciar uma longa e tortuosa caminhada na direção de um modelo que priorize as maiorias sociais e regenere a educação, a saúde, e a segurança da população, tão sacrificada com mais de 70 anos de ininterrupto ciclo neoliberal.

A ex-embaixadora Juliana Marino, que passou os oito anos de Cristina (2007-2015) representando seu país em Cuba, acredita que a vitória da chapa Fer-Fer, a qual considera muito viável depois da união peronista, vai corrigir muitos dos erros e tropeços aguçados nestes últimos anos pela última onda neoliberal. Marino explica que Cristina, além de *expert* na construção de alianças, como demonstrou em seus governos, trabalha com consensos e diálogos: "Ela, por exemplo, não terá nenhum problema em conversar com Sebastián Piñera, o presidente conservador do Chile ou qualquer outro chefe de Estado com visões diferentes do mundo. Sempre em contato com Cuba, país que visita regularmente, Juliana faz questão de dizer que, apesar das pressões de Donald Trump e da reativação do capítulo III da lei Helms-Burton, o país não voltou ao regime especial, como muitos querem fazer crer. Admite que as dificuldades aumentaram sem dúvida, mas lembra que muitos países europeus que investem na ilha não estão seguindo a política trumpiana. Lembrou a propósito que o governo, está construindo uma rede 36 hotéis para turistas, com cerca de mil quartos, a partir de investimentos europeus para turistas e que a China e a Rússia, estão colaborando na infraestrutura, em seus diversos aspectos. Cuba, por sua vez, acaba de inaugurar uma linha de trem super moderna de 900 quilômetros, ligando Havana a Santiago de Cuba, com investimentos russos, em infraestrutura, e chineses em 240 vagões.

Está aí um quadro que, na visão da embaixadora, também ex-deputada federal, só tende a ser ampliado e aprofundado com um possível retorno de Cristina Kirchner ao poder, a quem atribui uma visão estratégica muito atilada e que não se circunscreve apenas à América Latina. "Ela tem vocação para a política internacional, conhece muito as lideranças internacionais e sabe dialogar. Se você verificar os acordos de associação estratégica integral com a Rússia e com a China, que não contempla apenas as questões bilaterais dos países, mas tem a ver com a multipolaridade", exemplifica. Finalmente a correspondente brasileira Helena Iono observa:

"Alberto Fernández, advogado e atualmente professor de direito na Universidade de Buenos Aires, é dirigente político peronista, foi chefe de Gabinete no governo de Néstor Kirchner, e em parte dos governos de Cristina Kirchner com quem teve coincidências e objetivas divergências políticas, sem que isso significasse uma ruptura de laços de amizade e militância que já duram há mais de 20 anos".

XVII
Saída da moratória e arrancada econômica

A DIFERENÇA ENTRE OS LÍDERES TRANSFORMADORES E OS GOVERNANTES de ocasião é que os primeiros vêm para mudar e fazer o país evoluir; os outros, para deixar tudo como está, ainda que agravando determinadas situações por si só intoleráveis. Se a Grécia, Espanha, Itália, Portugal tivessem produzido um De Gaulle ou um Kirchner, por exemplo, estes países discriminados, entre os próprios europeus, por serem de tez morena e viverem no sul do continente, provavelmente, eles não persistissem na degradante contingência de sacrificar seus povos às mais abjetas condições, impostas pelo capital financeiro.

Quando escrevemos estas páginas, aqueles quatro países vinham sendo submetidos, desde 2008, a uma drástica política recessiva, ditada pela União Europeia, que implicava, entre outras coisas: demissões massivas, taxas de desemprego que, entre os jovens de 20 a 30 anos, atingiam 60% (casos da Grécia e Espanha), cortes de 25% nos salários, despejos de moradias por falta de pagamento de prestações ou aluguel, além da desagregação dos sistemas públicos da saúde e escolar.

Em 2003, Néstor encontrou uma situação ainda mais deteriorada na Argentina. Praticamente surgindo do nada ou dos 22,24% dos votos, este desconhecido patagônico diferenciou-se dos quatro presidentes que o antecederam depois do *estallido*. Como? Abandonando o marasmo e a dependência dos grandes grupos financeiros, que costumam inclusive financiar campanhas presidenciais, e, desta maneira, tê-los amarrados, para, numa atitude de soberania, atacar a fundo seus problemas e retomar o crescimento.

Mais de dois anos se haviam passado da comoção de 2001 e a Argentina patinava no impasse, com a suspensão dos pagamentos da dívida (o *default* ou o calote para nós brasileiros) travando qualquer tipo de superação.

Os presidentes anteriores, inclusive o último, Eduardo Duhalde, peronista conservador eleito pelo Congresso para terminar o mandato inicial de quatro anos de Fernando de la Rúa, iam empurrando tudo com a barriga, numa marcha inexorável para a prostração.

De mãos atadas pelos conchavos e os compromissos internacionais que tinham propiciado suas eleições, esses presidentes agarravam-se ao *status quo*, quando a conjuntura exigia atitudes mais arrojadas. Na verdade, lidavam com uma situação muito complexa para o seu habitat, já que, se tomassem qualquer medida mais fôlego, correriam o risco de desagradar os grandes conglomerados, na verdade seus avalistas no cargo.

Enquanto isso, as consequências da crise de 2001, na Argentina, rebentavam cada vez mais devastadoras, pois não advinham apenas da quebra do país, mas, especialmente, do desmantelo gerado pela dilapidação de mais de 25 anos de neoliberalismo, sob os regimes militares e civis.

No período Carlos Menem (1989-1999), a política de paridade do peso com o dólar, chamada *convertibilidade*, foi particularmente lesiva ao país, em função dos novos e vultosos empréstimos levantados no exterior para sustentar tal ficção. Em consequência, 90% das indústrias foram fechadas ou desativadas, atendendo à pressão das transnacionais, que desestimulavam a produção nacional para melhor empurrar seus produtos importados goela abaixo nos argentinos. As escolas, hospitais e postos de saúde públicos diminuíram sua atividade ou simplesmente foram desativados, por falta de recursos, enquanto a subtração dos salários, o aviltamento das pensões e o atraso no pagamento de pessoal emperravam o serviço público, brecando a economia.

Kirchner revelou ter uma visão mais arrojada e foi em frente na busca de uma saída soberana, ainda que pondo em risco sua própria sobrevivência política, já que também provinha desse mesmo meio acomodado em tocar a coisa pública. Mas se rebelou e atirou as contingências para o alto, enfrentando diretamente o fulcro dos problemas, que estava na suspensão do pagamento da dívida externa, decretada, unilateralmente, e por absoluta falta de liquidez, na antevéspera do natal 2001.

No dia 24 de dezembro, o presidente rotativo, Adolfo Rodríguez de Saá (durou exatos sete dias no cargo, após ter sido eleito pelo Parlamento) teria de quitar dois títulos: um do FMI, de US$ 13 milhões, e outro, em eurobonos, de US$ 4,3 bilhões. Três dias depois, venceria uma fatura ainda maior, de US$ 504,2 milhões. Assustado, Rodríguez anunciaria, no dia 23, que não tinha como pagar nada. Ainda procurou tranquilizar um nervoso mercado, que temia o efeito contágio em outros países, sobressaltados pelo que ocorria na Bacia do Prata: "Isto não significa o repúdio da dívida externa nem uma atitude fundamentalista. Muito pelo contrário".

Por esta e outras hesitações (não ousou terminar com a convertibilidade), Rodríguez Saá acabou obrigado a renunciar, antes de terminado o ano, não porque tivesse efetivado o *default*, mas por ter cogitado em permanecer na Casa Rosada até 2003, término do mandato de Fernando de la Rúa. Seu compromisso, segundo outros pretendentes ao cargo, era de convocar eleições antecipadas.

Em 30 de dezembro, o presidente da Câmara, Eduardo Camaño, assumiria interinamente, para convocar nova eleição indireta. Foi eleito o senador Eduardo Duhalde, que, aos trancos e barrancos, pôde completar o período De la Rúa, em 25 de maio de 2003.

Duhalde se viu igualmente emparedado pelas barganhas e pressões políticas e do grande empresariado. Tentou protelar uma saída, levando o país, isolado internacionalmente por causa do *default*, a submergir na depressão, agora não apenas econômica e política, mas, perigosamente, de cunho moral. Em Buenos Aires, onde estive alguns dias, naquela época, me defrontei com uma população frustrada, desenganada. Nos cafés, a conversa das pessoas sempre girava em torno da falta de dinheiro, do desemprego e da tendência de as coisas ficarem ainda piores.

Depois, houve eleições e, em 25 de maio, Néstor Kirchner, eleito pelo voto popular, recebe o bastão presidencial das mãos de Eduardo Duhalde, que o apoiou como candidato, em meio à descrença e, a essa altura, ao quase niilismo de seus compatriotas. O homem dos 22% dos votos, ainda era objeto dos preconceitos regionalistas por vir da distante e desértica Patagônica para inserir-se na portentosa Buenos Aires, levaria poucos dias para dizer ao que viera.

Era preciso encontrar uma saída para o *default*, que travava qualquer ação que fizesse o país andar. E ainda romper o vezo dominante, imposto pelo neocolonialismo, de só fazer políticas de desenvolvimento com base em empréstimos externos. O chamado *eudeudamiento* (endividamento) já havia causado o aumento do montante da dívida externa de 3 bilhões de dólares, na primeira ditadura militar de 1955, para 44,3, em 1983, último ano dos generais, e 144 bi nos governos civis de Carlos Menem e Fernando de la Rúa. Este havia herdado a convertibilidade de um peso a um dólar, obra de Carlos Menem e seu ministro da Economia, Domingo Cavallo, que teria custado ao país algo em torno de um milhão de dólares a cada hora que teve sua duração (1992 a 2002).

Tais empréstimos, como se revelou depois, deram margens a massivos desvios, para indivíduos e instituições estrangeiras e nacionais associadas. Grande parte da dívida foi contraída no período da ditadura do general Jorge Rafael Videla (1976 a 1982), quando a economia era dominada por José Martínez de Hoz, um protegido do banqueiro americano David Rockefeller:

"... Nunca se esclareceu para onde se destinou esta dívida... Vários analistas asseguram que cerca de 30 bilhões de dólares tiveram um caráter fraudulento, que escapou do país e apareceu em contas do exterior, em nome de argentinos." (*Historia de la Deuda Externa Argentina*, verbete de Wikipedia[18 19]).

Uma causa federal levada a cabo pelo jornalista Alejandro Olmos, falecido em 2000 e autor de numerosos processos contra a dívida externa, foi acolhida pelo juiz Jorge Ballesteros. Nela, se verificou a existência de 467 ilícitos somente na época militar:

"(A dívida externa) foi grosseiramente inflada a partir de 1976 mediante a instrumentação de uma política econômica vulgar e lesiva que colocou de joelhos o país pelos diversos métodos utilizados... e que tendiam, entre outras coisas, a beneficiar e sustentar empresas e negócios privados – nacionais e estrangeiros –, em prejuízo da sociedade e de empresas do Estado, que foram empobrecendo dia a dia... na proporção que se encaminhavam para a privatização" – diz a sentença de Ballesteros.

Os abusos das operações da dívida foram se multiplicando à medida que o país mais afundava na dependência internacional. Depois dos militares, vieram os governos civis e constitucionais, iniciados com Raúl Alfonsin. Enaltecido pela política de direitos humanos e o respeito à institucionalidade, Alfonsin fraquejou na economia. Tinha sido eleito por seis anos, mas teve de renunciar cinco meses antes de completar seu período, atropelado pela hiperinflação e novo aumento da dívida externa. Substituiu-o Carlos Menem, governador da província de La Rioja. Se autoproclamando o mais peronista dos peronistas, tendo por

---

18 Raúl Eugenio Zaffaroni é juiz da Corte Interamericana de Direitos Humanos. Professor emérito e diretor do Departamento de Direito Penal e Criminologia na Universidade de Buenos Aires, é também doutor *honoris causa* pela Universidade do Estado do Rio de Janeiro, pela Universidade Federal do Ceará, pela Universidade Católica de Brasília e pelo Centro Universitário FIEO. É vice-presidente da Associação Internacional de Direito Penal.[1]Suas teorias são amplamente difundidas no Brasil, tendo publicado livros em português, como coautor, com José Henrique Pierangeli e com Nilo Batista.

19 http://es.wikipedia.org/wiki/Historia_de_la_deuda_externa_argentina

isso conquistado o apoio maciço deste histórico movimento popular, realizou uma das administrações mais servis ao capital estrangeiro. Ela poderia ser traduzida numa de suas jactâncias prediletas: "Relações carnais com os Estados Unidos".

Além de privatizar as estatais e reduzir ao mínimo a participação do Estado na economia, em nome da eficiência do serviço público, Menem elevou a dívida ao paroxismo com o seu plano de *convertibilidade*.

Por este sistema, conduzido pelo ministro da Economia Domingo Cavallo, o austral, moeda implantada por Alfonsin, que, por causa da hiperinflação, se cotava à razão de 10 mil pesos por dólar, passava miraculosamente a ter paridade fixa com a moeda americana: um dólar = um peso (o nome antigo da moeda, peso, tinha sido, convenientemente, restituído em lugar do depauperado austral).

A mágica foi endossada pelo FMI e os grandes financistas, e exaltada pela grande mídia, à frente o *Clarín* e o *La Nación*, como a grande saída para a crise. Houve uma louvação geral ao presidente e ao seu ministro. Com efeito, o plano logo produziu resultados auspiciosos, ainda que de forma enganosa, porque duraria pouco tempo. Em dois anos, a inflação, que estava em quatro mil por cento, foi reduzida literalmente a zero. A fatura da farra, entretanto, não se fez esperar: como o país não imprimia o dólar, suas divisas foram se dissolvendo naquela folia que devastava a economia e fazia a dívida externa agigantar-se brutalmente.

Apesar de todas essas evidências, o Plano Cavallo era sustentado por alucinante propaganda midiática, avalizada pelo poderoso sistema financeiro ocidental, à frente o FMI, Banco Mundial e Banco Europeu, para quem a Argentina era o país que melhor fazia o dever de casa. A oposição foi na onda e também lhe deu seu cheque em branco, na eleição de 1999.

Foi tal o embuste, que os oposicionistas, beneficiados com o desgaste de Carlos Menem, por causa das denúncias de corrupção, sustentaram sua campanha presidencial na defesa da *convertibilidade* e no moralismo. Se tivessem assumido a realidade e denunciado o embuste, teriam perdido a eleição, porque toda a população, engambelada pela propaganda, acreditava que o plano duraria para sempre.

O candidato da oposição era Fernando de la Rúa, da tradicional União Cívica Radical, na coligação da Aliança para o Trabalho, a Justiça e a Educação, ou simplesmente, Aliança, com a FREPASO (Frente País Solidário), tendo como vice o deputado Carlos Chacho Álvarez. Chacho era o articulador da Frepaso, que havia conquistado considerável parcela do eleitorado por suas posições anti-Menem e anticorrupção.

De la Rúa, governador de Buenos Aires e tido como figura correta e não envolvida diretamente em negócios espúrios, foi então eleito, inclusive com o forte apoio da esquerda tradicional. Ele conquistou 9.167 mil (48,3%) votos contra o peronista Eduardo Duhalde (38,2%), que obteve 7.253 mil. Domingo Cavallo demitido do ministério para não fazer sombra a Menem (depois de ter brigado com Menem e formado a Ação Republicana, 1.937 mil (10,2%). Carlos Menem estava impedido constitucionalmente de candidatar-se pela terceira vez como presidente.

O correto De la Rúa, contudo, logo se viu acuado pela magnitude da crise, pois a economia fazia água por todos os lados. Desesperado, substituiu seu ministro da Economia José Luis Machnea por Domingo Cavallo, justamente o pai da convertibilidade e que acabava de levar uma surra na eleição presidencial de 1999, quando ficou em quarto lugar, com 10% dos votos.

Cavallo, na verdade, tinha sido impingido a De la Rúa pela chamada Comunidade Internacional, à frente o FMI e as altas finanças americana e europeia, tendo como prioridade aplicar um novo pacote, travestido primeiro na Blindaje (Blindagem) e depois no Megacanje (mega troca de bonos), pelos quais o país receberia 40 bilhões de dólares para pagar os atrasados da dívida.

Só naquelas operações, a dívida subiria mais 56 bilhões, 16 bilhões dos quais pagos a propinas, comissões extras e a paraísos fiscais, um dos quais de propriedade atribuída a Domingo Cavallo e a um americano chamado David Mulford, então tido como foragido. Mulford era amigo pessoal do ministro e teria embolsado sozinho 20 milhões de dólares.

As consequências desses pacotes traduziram-se de imediato na redução de 13% dos salários, aposentadorias e pensões, cortes bruscos dos gastos públicos, num país em que o desemprego subia a 15% e a violência explodia na rua. Depois, veio *corralito* e tudo *estalló* na véspera de Natal de 2001. Nenhum dos cinco presidentes que se revezaram naqueles dias tormentosos foram capazes de frear a crise.

É aqui que reside a diferença da gestão das crises europeias e argentina. Na Europa, o impasse se arrastava quase, indefinidamente, depois da irrupção da crise financeira mundial de 2008, porque lá não emergiram estadistas, só políticos tradicionais que se deixavam imobilizar pelos conluios de grupos e exigências do grande capital, além de um modo mais cômodo de administrar.

É sabido que, se a Grécia ou a Espanha tivessem se desvinculado do euro e do Banco Central Europeu, estes países poderiam ter superado a estagnação através da adoção de medidas nativas e soberanas de combate à crise. Mas lhe faltaram homens de Estado capazes de impor os interesses nacionais acima das prioridades financeiras da Comunidade. Os políticos daqueles países, em sua maior parte, estavam atados pelos compromissos de campanha com o FM, as ONGs, as fundações e agências estatais americanas, já muito ativas em fazer valer a prevalência da supremacia das políticas de mercado.

Na Argentina, Néstor Kirchner foi aos poucos se projetando como o líder nacional capaz de romper o marasmo de seus antecessores ortodoxos. Começou por impor uma renegociação com os credores, que tinha em conta a dramática situação de insolvência e o entorpecimento do país. Segundo o consenso generalizado, inclusive entre os próprios credores, a dívida era absurda, impagável e havia sido grosseiramente manipulada, tendo por isso de ser redimensionada, inclusive para gerar as condições de pagamento. Estas se centravam na retomada do desenvolvimento, que se resumia na recuperação da infraestrutura, na reconstrução da indústria, das escolas, da saúde e na recuperação do emprego e dos salários. Com ela, os argentinos poderiam resgatar o poder de compra, fazendo assim mover-se a roda da economia.

A situação era muito séria e não permitia os arranjos tradicionais de tomar mais empréstimos para tapar o buraco, como era de praxe entre todos os governos devedores do mundo, não só o argentino. Esses remendos, que via de regra resultavam em medidas recessivas e altamente lesivas para a sociedade, já não sortiam efeito: o país estava esgotado e não tinha como pagar mais nada.

O último desses arranjos, com a intervenção costumeira do FMI.

As novas bases propostas por Néstor eram de que o país só se disporia pagar 25% do que devia. A partir dali, e com as medidas paralelas que adotou para recuperar a economia, com inclusão social, o país começaria a crescer e a população a ter de volta seus empregos, sua dieta alimentar e até suas férias.

As negociações foram penosas e tumultuadas, mas, ao fim de pouco mais de dois anos no cargo, o presidente pinguim chegava a um acordo com 75% dos credores. Cristina Kirchner continuaria este esforço para adaptar o pagamento da dívida às necessidades do país, em meio a novos e cada vez mais ousados ataques especulativos, a que ela respondia com imperturbável assertividade, inclusive com o enfrentamento dos chamados fundos abutres, objeto de capítulo específico deste livro.

XVIII
Os militares andam mais discretos

Ao contrário do que acontece no Brasil, onde os militares resolveram sair do armário e vêm se metendo na política, desde os governos do PT, chegando, ainda que por vias transversas, a eleger um capitão do Exército presidente da República, em 2018, os da Argentina mantêm-se discretos, e, aparentemente, entregues às tarefas castrenses. Eles até que tiveram uma relativa normalidade de convivência com Cristina, apesar dos enfrentamentos com o governo de seu marido, Néstor, no período anterior.

Como se sabe, Néstor Kirchner, logo que entrou no governo, em 2003, demitiu toda a cúpula das Forças Armadas, depois que detectou um complô para infernizar sua gestão, a partir da caserna. Primeiro foi o general Ricardo Brinzoni, chefe do Estado Maior do Exército (comandante), que estaria organizando manifestações de oficiais contra o presidente. Brinzoni era objeto de pesadas críticas na imprensa e organizações de Direitos Humanos, sendo acusado pelo Centro de Estudos Legais e Sociais (CELS) de realizar massacres contra prisioneiros. Com ele, seguiram-se 27 generais, 13 almirantes e 12 brigadeiros, que passaram à reserva. Em novembro de 2003, Néstor nomearia a deputada e ex-prisioneira política, Nilda Garré, como a primeira mulher a chefiar o ministério da Defesa.

O presidente também revogou, naquilo que a ONU considerou "exemplo mundial contra a impunidade"[20], a anistia e os indultos presidenciais assinados pelo seu antecessor, o presidente Carlos Menem. Finalmente, Néstor tornou sem efeito as leis de Ponto Final e Obediência Devida, o que implicou a reabertura de julgamentos para os militares implicados na guerra suja de 1970. Jorge Rafael Videla, o líder da ditadura de 1976, que havia sido libertado, desde 1990, por exemplo, foi julgado, em 22 de maio de 2010, por crimes contra a humanidade, sendo condenado a prisão perpétua e destituído da patente militar, pela morte de 31 prisioneiros, de cerca de sete mil pessoas desaparecidas no último período militar. Morreu na prisão, em 17 de maio de 2013, aos 87 anos.

Ao empossar-se, em dezembro de 2007, Cristina adotou uma linha mais moderada e dedicou-se a unificar as forças armadas, inclusive, seus serviços sociais e de saúde, numa só unidade, e não mais separadas em exército, marinha e força aérea. Ela ainda enfatizou a questão educacional, ao realizar ampla reforma nas escolas militares e a criar o Conselho e a Universidade da Defesa. O ambiente entre militares e governo chegou a ser considerado cordial, a ponto de seu último ministro da Defesa Agustín Rossi (2013-2015) dizer que, até hoje, é cumprimentado, na rua, por oficiais, alguns deles lhe batendo continência.

A presidenta ainda ensaiou algum tipo de aproximação, nomeando o general César Milani. Este oficial, porém, ainda que tenha sido promovido a tenente-general, com o aval do Senado, foi, logo depois da nomeação, objeto de cerrada pressão midiática, com base em antigas e requentadas denúncias que o vinculavam a torturas e ao desaparecimento de dois militares, se ele tivesse se alinhado, claramente, a favor do projeto nacional e popular de soberania, da presidenta.

---

[20] ONU reconhece política de direitos humanos de Néstor Kirchner: http://agenciasulan.org/2014/09/juicios-de-lesa-humanidad-la-argentina-es-un-ejemplo-mundial-proclaman-las-naciones-unidas/?utm_source=feedburner&utm_medium=email&utm_campaign=Feed%3A+agenciasulan+%28Ulan%29

O fato acabou dividindo os movimentos de direitos humanos, com alguns pedindo a sua cabeça, como o escritor Adolfo Pérez Esquivel e o jornalista Horacio Verbitski, este do CELS, e outros, o apoiando, como Hebe Bonafini e Estela de Carlotto, líderes das Madres y Abuelas de la Plaza de Mayo.

Por outro lado, a Procuradoria Geral da Nação enviou ao Senado, onde se analisavam os projetos de promoções dos militares, um documento no qual afirmava que "César Milani não é processado em casos de violações de Direitos Humanos ocorridas durante o terrorismo de Estado, não tem o caráter de réu, nem sua investigação foi solicitada". As pressões, no entanto, se acumularam, e a presidenta não teve como mantê-lo no cargo, vindo ele a renunciar, "por motivos estritamente pessoais".

O general seria preso, em 17 de fevereiro de 2019, juntando-se a uma longa lista de encarcerados, com mais de 20 ministros, auxiliares diretos e empresários ligados ao antigo governo. Dentre estes figuravam, o ex-vice-presidente da República Amado Boudou, o secretário de Legal e Técnica, Carlos Zanini, o ministro do Panejamento Julio de Vido, e a líder Tupac Amaru, Milagro Sala. As acusações eram múltiplas e exóticas, como pode acontecer nesses julgamentos políticos: enriquecimento ilícito, extorsão e até "diplomacia paralela" com o Irã, como foi o caso do líder piqueteiro Luís D'Elia". Hebe Bonafini, que chegou a iniciar, com Milani, um trabalho de aproximação da Organização Madres de Mayo com o Exército, destinado às comunidades carentes nos *barrios* e *villas* do país, mandou ao general uma carta para a prisão, dizendo-lhe: "Quando um homem é livre, como você, os muros não existem".

Apesar desses percalços, a presidenta conseguiu imprimir uma nova doutrina de defesa às forças armadas, que parecia, em tudo, contrária à tradição e à formação dos oficiais, fortemente influenciadas pelo alinhamento automático com os Estados Unidos e aos chamados valores ocidentais. Em seu último discurso, no tradicional jantar de promoção dos generais, em 7 de julho de 2015, a menos de seis meses de deixar o cargo, Cristina destacava "a reafirmação, para sempre, da condução civil de nossas forças armadas, através do ministério da Defesa, como representação do comandante em chefe das forças armadas, neste caso, quem exerce a suprema magistratura do país".

Naquele jantar que ocorreu no salão José de San Martín, no edifício Libertador, antiga sede do ministério da Guerra e agora ministério da Defesa, no centro de Buenos Aires, Cristina ainda destacou a política de seu governo de conceber as forças armadas como uma única entidade e não como forças isoladas ou separadas: "Concebemos as forças armadas não como a força aérea, o exército ou a marinha, mas como um conjunto, uma equipe que se encarrega de defender a Nação, no ar, na terra e no mar. Isto que pode parecer quase uma obviedade, não é uma questão menor. Estratégias individuais de cada força, ao não atuar de forma conjunta, foram, talvez, os motivos de alguma derrota que poderíamos ter evitado, morigerado, ou, por quê não, talvez, ter saído vitoriosos", enfatizou, numa aparente alusão à humilhante derrota da Argentina para a Inglaterra, na Guerra das Malvinas, em 1982.

Ainda advertiu que a presunção de que as forças armadas não são uma só poderia ter produzido o que ela chama de disputas na surdina entre as forças: "Era produto", ressaltou, "de que, durante muito tempo, as forças armadas não cumpriram com seu papel fundamental, que era o da defesa da Nação. Incursionaram no problema da política, e quando se incursiona na política, sempre há disputas. E nós, políticos, disputamos com uma urna no meio e em democracia. Bem, aí as forças armadas disputavam poder no exercício do poder e, de alguma outra maneira. Isto era uma distorção, que se havia produzido, a partir da própria distorção da função, que as instituições armadas deveriam cumprir em nosso país".

Por isso, considera que a atuação em conjunto, o *conjuntes*, como chama, é a segunda linha estratégica, "o desenho do instrumento militar em função da missão principal e da adoção de uma postura e de uma atitude estratégica defensiva, que conta com uma dupla dimensão: autônoma e cooperativa. Autônoma, porque já não necessitamos que nos ensinem, em nenhum país, como defender a Pátria. Atualmente – além do mais, não deixa de ser uma contradição que vivemos no passado; nos preparavam de fora aqueles que podiam – eventualmente – ser nossos atacantes a defender-nos".

– Convenhamos que não sou militar, não sou uma *expert* em estratégia, mas não confiaria minha formação de defesa a quem pode, amanhã – eventualmente – ser meu inimigo. Deveria preparar minha própria estratégia, minha própria política de defesa com base no que é o meu país, nos recursos que conta meu país e no que posso desenhar em meu país – aduziu.

Depois, falou sobre a abertura dos documentos, recordando o decreto 4, de julho de 2010, que desclassificou os arquivos de Inteligência das ações compreendidas, no período de 1976 a 1983, relacionadas com a ditadura; o decreto 200, de 2012, que desclassificou e publicou o Informe Rattembach, do general Benjamin Rattembach; e o decreto 503, o mais recente, de 2015, contendo os documentos das forças armadas relacionados à política do Atlântico Sul.

Lembrou que a política de arquivos abertos, implantada pelo governo do presidente Kirchner, promoveu a entrega de cópias das atas da ditadura a organismos de direitos humanos, a bibliotecas, universidades; além das listas negras, onde se pôs à disposição como se mencionavam personalidades da arte e da cultura.

Nota: Livro de autor argentino-americano fala que Kirchner quer politizar o tema http://www1.folha.uol.com.br/fsp/mundo/179685-cristina-pode-tentar-tirar proveito-politico-diz-autor.shtml

XIX
Ciberdefesa, Bond e Glenn Greenwald

Quase um ano antes de o jornalista Glenn Greenwald haver desmontado, em 9 de junho de 2019, no Brasil, a farsa dos julgamentos políticos da Lava Jato, inclusive o que levou à prisão o ex-presidente Lula da Silva, Cristina Kirchner advertia os militares argentinos da necessidade, de aprimorar o sistema de defesa contra os crimes cibernéticos. Greenwald, o jornalista americano do jornal inglês *The Guardian*, havia sido escolhido pelo ex-agente da CIA Edward Snowden para publicar, em 2003, os documentos de um amplo esquema de espionagem da Agência de Segurança Nacional dos Estados Unidos (NSA, na sigla em inglês) havia se mudado depois para o Brasil. Lá, publicara, em seu site *The Interept*, uma série de mensagens gravadas entre o ex-juiz de primeira instância Sérgio Moro e procuradores federais, à frente Deltan Dallagnol, coordenador da Lava Jato. As mensagens trocadas no aplicativo telefônico Telegram e enviadas ao jornalista tornavam flagrante o conluio desses funcionários com grandes veículos de comunicação para investigar e prender mais de uma centena de políticos do PT (Partido dos Trabalhadores) e empresários ligados às gestões petistas na presidência da República. Quando citou Greenwald, Cristina, naquele encontro com o Alto Comando, nem sonhava com a nova façanha cibernética do jornalista, ao expor a trama dos esquemas de denúncias para perseguir governantes populares de praticamente todo o subcontinente americano, inclusive, ela, pessoalmente, presidenta da Argentina, e toda a sua família. Naquela ocasião, via o problema mais longe, que era o uso da cibernética, como nova forma dos sistemas de dominação para subjugar os povos dos diversos quadrantes.

Por isso, dizia "Recomendo a leitura de um livro fascinante, escrito por Glenn Greenwald, um antigo jornalista de *The Guardian*, que se intitula: *Snowden, sem um lugar no mundo onde esconder-se*. Nunca um título caracterizou melhor uma situação. Quando alguém entra nesse mundo, especialmente, também conta aos próprios protagonistas, o que significa, hoje, a espionagem".

Para Cristina, a espionagem de hoje não é mais a da série James Bond: "Isso acabou", diz ela, emendando, "não aquela a que estamos acostumados nos filmes de espiões como James Bond: Nem ninguém é tão mocinho quanto James Bond, nem ninguém faz as coisas que fazia James Bond. Hoje, é muito mais fácil, muito mais sofisticado, eles podem fazer isso e, normalmente, são muito jovens porque são eles que têm a linguagem e o *software* da ciência da computação".

Daí, ela concluir que o grande desafio é a ciberdefesa e por isso decidiu criar o Comando Conjunto de Ciberdefesa, em maio de 2014, a Direção Nacional da Ciberdefesa, em setembro e, posteriormente, o Centro de Ciberdefesa: "Isto eu posso lhes assegurar, é uma das chaves de agora e do futuro. A dominação já não se faz somente de forma convencional, através de invasões de armas ou de armas; pelo contrário, o estágio superior que estão atingindo as potências dominantes é o ataque cibernético, o poder de entrar nos sistemas, os metadados".

Naquele detalhado discurso, impregnado de nacionalismo, Cristina ainda se referiu ao reequipamento que seu governo empreendeu e "à recuperação, do papel histórico que as Forças Armadas desempenharam na indústria de armamentos. Com esse propósito, lembrou a lei determinando que a reestatizada Fabricaciones Militares (FADEA), – empresa privatizada na era Menem, em condições, segundo ela, "absolutamente lesivas para as Forças Armadas e para a Nação" –, não pode mais ser objeto de outra privatização, salvo por outra lei específica: "Os senhores, militares", lembrou "devem conhecer as condições em que estavam aquelas instalações, destruídas, até com ratos. Agora, reconstruídas, integralmente, elas já produziram os primeiros dez vagões Tolva para o transporte de grãos, de um total de 1.050. Com capacidade de produção de até três por dia, vão dar competitividade à nossa economia, porque o transporte de grãos se fará através do sistema ferroviário, 75% mais barato do que por estradas de rodagem".

Sobre as condições no âmbito militar, tanto de equipamentos quanto de pessoal, o ex-ministro da Defesa, Agustín Rossi, que estava naquele jantar, disse, em depoimento ao autor, que havia carência até de uniformes para soldados e oficiais: "Era muito triste vê-los usando aquelas fardas surradas, em diferentes tons de verde. Não viam roupa nova havia muito tempo", lamentou.

O problema dos uniformes, que foi resolvido com uma encomenda à China, na base de dois jogos para cada soldado, era apenas um dos muitos problemas materiais encontrados, tanto por Néstor como por Cristina, nas três forças. A partir de uma política estratégica de defesa, cujo orçamento se multiplicou 70 vezes, de 2003 a 2015, segundo a presidenta, enfatizando o aspecto científico-tecnológico, o governo pôde avançar, não apenas no plano militar, como também no domínio de tecnologias complexas como satélites, radares, drones etc.

A propósito, Cristina gosta de lembrar em suas aparições públicas: "Nós, argentinos, estamos fabricando drones, de uma empresa argentina INVAP com nossas Forças Armadas. As tecnologias serão transferidas para a FADEA, Fabricaciones Militares (empresa estatal), que serão os responsáveis pela produção em série dos produtos desenvolvidos".

Agustín ainda enumerou alguns feitos na reconstrução e modernização de navios, com base em tecnologia nacional, incluindo o histórico quebra-gelo Almirante Irizar: "No último ano em que fui ministro, tínhamos três submarinos navegando – Ara San Juan, que, lamentavelmente, desapareceu, em 2017, com 44 tripulantes; Ara Santa Cruz e Ara Salta.

Também compramos quatro rebocadores à Rússia e que hoje participam da campanha da Antártica e do patrulhamento do litoral marítimo."

Rossi ainda enumerou a reforma de corvetas e de equipamentos da Aviação da Marinha; uma política intensiva que permitiu ao Exército voltar a ter sua aviação para traslado, com aviões comprados nos Estados Unidos; e a renovação dos veículos de todas as unidades militares. Na Força Aérea, ele disse que foram comprados 12 aviões de treinamento da Alemanha e repotencializados os aviões Hércules, nos Estados Unidos".

Eu perguntei ao ex-ministro se os militares tinham sido gratos a Cristina, já que Lula, se queixava de ser odiado pelos generais, embora, como presidente, tenha realizado os maiores investimentos nas três forças armadas. Rossi respondeu: "É preciso ter em conta que o poder relativo dos militares no Brasil é muito mais alto do que aqui, na Argentina. Mas fiquei surpreso com esta animosidade com o ex-presidente. Eu tive muitos contatos, inclusive de projetos conjuntos com o então ministro Celso Amorim, que me relatava uma política de defesa muito ativa. Tampouco me consta que o próprio Lula tenha tido uma política de hostilidade para com os militares brasileiros, durante seus governos e o da Dilma.

XX
Reclamando as Malvinas de volta

Residência oficial de Olivos, distrito de Buenos Aires. Às 10 horas da manhã de 25 de março de 2014, uma terça-feira, toca o telefone do Kremlim. Do outro lado da linha, estava Vladimir Putin. Pediu para falar com Cristina. Na ocasião, Putin era alvo principal das manchetes, em virtude da reanexação da península da Crimeia e de alguns outros atos de reafirmação da Rússia como protagonista no cenário internacional.

Ele queria agradecer a posição de Cristina, manifestada dias antes numa viagem a Paris, quando ela considerou "de dois pesos e duas medidas" a postura das potências em censurar a Rússia na questão ucraniana, enquanto fechava os olhos para o problema das Ilhas Malvinas, invadidas e ocupadas pelos ingleses desde de 1833.

As Malvinas rompiam assim o ostracismo a que foram relegadas pelo noticiário, depois que a Inglaterra infligiu pesada derrota ao Exército argentino, ao tentar reocupar as ilhas, em 1982. O tema tinha sido congelado depois da guerra, mas voltou com toda força depois da eleição de Néstor Kirchne, em 2003, e durante todo o período Cristina, apesar de todo o boicote informativo.

Com efeito, as Malvinas eram sempre subestimadas na mídia tradicional como um assunto maçante, que não devia merecer a devida consideração. O desprezo ou o silêncio sepulcral diante desses assuntos constitui uma velha tática de desqualificação usada pelo sistema de dominação, na abordagem de assuntos incômodos a seus interesses. Era evidente o propósito das potências ocidentais, que dominam os meios de comunicação, de deixar inalterado o *status quo* do arquipélago situado no extremo sul do Atlântico, para que este permanecesse na sua condição de "território ultramarino" da Inglaterra, e não uma província integrante da república da Argentina, como é de direito.

Do mesmo jeito que tenta minimizar ou ridicularizar a preocupação com a interferência da CIA (*Central Intelligence Agency*) ou das fundações americanas e europeias na sabotagem dos governos progressistas, reputando-as como exageradas ou simplesmente inventadas, esta tática conseguiu, até aquele telefonema, evitar ou mesmo invalidar um debate sério em torno do tema.

Na verdade, as Ilhas Malvinas são reivindicadas pela Argentina, desde o processo de consolidação da independência da Argentina da coroa espanhola, a partir de 1816. Em 1833, a Inglaterra invade o arquipélago e expulsa uma expedição colonizadora argentina, que substituiu os franceses, primeiros ocupantes, e depois os espanhóis, apoderando-se do arquipélago, desde então.

Não obstante, a força do império tão imenso que lá "o sol nunca se põe", os argentinos fizeram da recuperação das Malvinas um objetivo estratégico, tanto do governo como da nação. O episódio da invasão militar do arquipélago pelo governo ditatorial do general Leopoldo Galtieri, em 1982 foi igualmente relativizado como uma desesperada manobra dos militares para salvar a pele do regime, então prestes a agonizar.

A precipitação do general redundou na tragédia da Guerra das Malvinas, em 1982, devido à reação militar da Inglaterra, calçada pelo respaldo de seu principal aliado, os Estados Unidos, a nova grande superpotência, e das ditaduras por este instaladas em quase todo o continente. Morreram 600 soldados argentinos e o país foi humilhado por uma derrota acachapante, pois jamais teria como enfrentar o poder bélico e diplomático de tudo o que constituem os sistemas de dominação.

A aventura de Galtieri acabou apressando ou determinando o fim da ditadura no país, logo seguido de regime civil, social e economicamente tão opressivo quanto o anterior dos generais. Os resultantes governos legalistas de pronto assimilaram e exacerbaram a submissão do país aos ditames neoliberais, com o que se tornaram ainda mais dependentes dos vencedores da guerra de 1982. Por isso, a questão das Malvinas foi enterrada durante todo o período da chamada década perdida.

Quando, porém, é eleito o governo popular de Néstor Kirchner, como antes havia estado, ao longo de toda a história da república. Kirchner nada mais fazia do que atender a um clamor nacional, que, contra todas as vicissitudes, teimava em figurar como um dos objetivos como país.

Muito antes da ação do general Galtieri, o historiador Jorge Abelardo Ramos, assinalava em seu livro *A História da Nação Latino-Americana*, primeiramente, editado em 1968, que, "desde 1965, os Estados Maiores das Forças Armadas vinham realizando anualmente exercícios e planos alternativos para a ocupação de nosso arquipélago". "Só faltava a decisão política", continua Ramos, para depois pontuar: "a partir do ano mencionado (1968), sempre houve planos militares para a ação imediata".

Convencido àquela altura de que a Inglaterra não estava disposta a negociar seu domínio das Malvinas, pois com ela pretendia "reforçar a posição inglesa na OTAN, mediante o controle militar de Drake e suas aspirações na Antártida", Jorge Abelardo Ramos sustentava que os ingleses pretendiam proceder sem dificuldades à exploração do petróleo na área malvinense, que os geólogos consideram de uma capacidade maior do que a da Arábia Saudita.

Ele também chamava a atenção para a cobiça da Inglaterra na industrialização do krill, pequeno crustáceo de alto valor protéico, o qual é uma das maiores reservas mundiais em matéria de alimentação".

Ciente desta importância estratégica, Néstor anunciou, já em seu discurso de posse, em 25 de maio de 2003, que as Malvinas seriam uma das maiores prioridades de seu governo. Menos de um mês depois, em junho, ele, submeteu a questão à ONU. Muito antes, na Resolução 1514, de 12 de dezembro de 1960, a do organismo mundial havia proclamado a necessidade de "levar o colonialismo (em todas as suas formas e manifestações) a um fim rápido e incondicional".

No seu artigo 2, o documento declara que "todos os povos têm direito à autodeterminação, podendo livremente definir sua condição política". Além disso, seu Artigo 5 determinava que medidas imediatas deveriam ser tomadas para que todos os territórios que ainda não tivessem alcançado a independência recebessem todos os poderes inerentes a tanto, sem condições ou reservas, de acordo com sua vontade livremente expressa, e sem qualquer distinção de raça, credo ou cor".

Outras resoluções posteriores da Assembleia-Geral da ONU, principalmente as de nº 3160/1973, 31/49 de 1976, 37/9 de 1982, 39/6 de 1984, 40/21 de 1985, 41/40 de 1986, 42/19 de 1987, e 43/25 de 1988, ratificava a 5014 e insistiam para que os países envolvidos se sentassem à mesa de negociação para uma solução pacífica. A Inglaterra, porém, fez ouvido surdo das instruções da ONU e não admitiu questionar sua posição de domínio sobre as ilhas.

As decisões da ONU, no entanto, significaram um grande passo em favor dos argentinos, pois rejeitavam *in limini* a noção de domínio incontestável do Reino Unido da Grã Bretanha, como queriam fazer crer os ingleses. Estes, em 2009, começaram a explorar petróleo na região, enquanto faziam permanentes exercícios militares, seguidos da instalação de complexo armamento nuclear, também em flagrante desrespeito à lei internacional. Era a velha manobra do fato consumado, que os Kirchner decidiram peitar até às últimas consequências.

Cristina, ao suceder a Néstor, em 2007, empunhou a bandeira ainda com mais vigor, expondo as contradições da Inglaterra e do sistema de denominação, enquanto mergulhava na busca de apoio concreto entre os vizinhos. Em 2010, a Argentina deixava a solidão, ao conquistar o apoio do Brasil, Venezuela, Uruguai e de quase toda a América Latina no seu reclamo. Uma declaração conjunta dos presidentes Cristina Kirchner e Lula da Silva, do Brasil, reivindicava que não somente as Ilhas Malvinas, como os arquipélagos contíguos de Geórgia do Sul e Sandwich do Sul, que os argentinos também consideram partes inseparáveis do arquipélago, pertenciam ao território argentino. A declaração foi depois endossada pelo Uruguai, Chile e o antigo Grupo do Rio (organismo que antecedeu a Unasul, integrado pela Argentina, Brasil, Colômbia, México, Panamá, Peru, Uruguai e Venezuela).

"A República Argentina rejeita a tentativa britânica de militarizar um conflito sobre o qual as Nações Unidas já decidiram, em diversas oportunidades, e indicaram que ambas as nações devem resolver a questão em negociações bilaterais", protestou o Ministério das Relações Exteriores de Buenos Aires em nota oficial.

O governo de Cristina Kirchner também criticou a chegada do príncipe William ao arquipélago, para treinamento militar. "O povo argentino lamenta que o herdeiro real desembarque com o uniforme do conquistador e não com a sabedoria de estadista que trabalha a serviço do diálogo."

No 32º aniversário da guerra, dois de abril de 2014, a presidenta voltava à carga com uma denúncia que causaria perplexidade: "As Malvinas constituem hoje a maior base militar existente ao sul do paralelo 50º... (com) sistemas de inteligência eletrônica. A partir das Malvinas, se opera todo tipo de movimentação militar britânica no Atlântico Sul".

Ao situar as Malvinas como base da OTAN, a presidenta se referia indiretamente à participação dos Estados Unidos, principal membro da Organização do Tratado do Atlântico Norte na operação".

Lembrou a propósito estarem ali estacionados "entre 1.500 e 2.000 efetivos militares" para "uma população de 3.000 pessoas, das quais pouco mais de mil nascidas no território". O restante, observou, "são todos militares que se movem permanentemente entre o Reino Unido e aqui". Ela ainda enumerou os equipamentos utilizados por aqueles efetivos: um patrulheiro, um navio de apoio, um navio de investigação, um submarino nuclear, um quebra-gelo. Uma fragata tipo 23, um centro de comando e controle e uma base de inteligência que permite monitorar o tráfego naval e aéreo da região: "Como verão, uma imensa operação militar violatória da política de desnuclearização do Acordo de Tlateloco".

Cristina ressalvou, contudo, que "nossa mensagem não é só de soberania como também de paz", pois "as Ilhas Malvinas se encontram entre os territórios mais militarizados do mundo". Por isso, insistiu no pedido de identificação de 123 corpos não identificados de argentinos que morreram nas Ilhas durante a guerra de 1982.

A aliança de Cristina com Putin, propicia, assim, uma nova perspectiva para a questão das Malvinas. Putin, assinaria, pouco depois com a China uma aliança estratégica, em 21 de maio de 2014, que tenderia a libertar em grande parte a dependência desses dois países do jugo ocidental. E, não por acaso, já se falava no ingresso da Argentina no BRICS (o bloco de países ricos em recursos naturais formados pelo Brasil, Rússia, Índia, China e África do Sul), a primeira tentativa concreta dos povos emergentes em se constituir num polo de poder capaz de fazer frente à concentração, atualmente, nas mãos dos Estados Unidos e Europa.

O jornalista Edgardo Esteban, que lutou como soldado no conflito, quando ainda não havia completado 20 anos, diz que Cristina mudou os paradigmas da guerra pela paz, como consigna, e começou a fazer um novo relato de tudo o que significou a luta da Argentina: a partir de sua soberania e independência, até hoje, no que é a construção de direitos, pelos tratados internacionais, pela aproximação dos povos da região e depois do que foi significando cada passo que deu a Argentina, desde a invasão das Ilhas, em 1833.

Em depoimento ao autor, o jornalista, hoje correspondente da Telesur, em Buenos Aires, afirma ainda que, sob Cristina, a Argentina mudou o que era a guerra pela morte para a guerra pela vida: "Deixou de lado, não nossa reivindicação história, e, sim, esta construção que havia das ditaduras militares de que havíamos ganhado uma guerra que se perdeu, e somou-se à causa que tanto lhe deu um respaldo em nível internacional da Argentina, sobretudo latino-americano.

"Então, Malvinas é hoje parte desta causa", disse Esteban, "e não é por acaso que, no dia da soberania, 10 de junho de 2014, quando os argentinos reclamam seus direitos sobre as Ilhas, se inaugurou um museu no que foi o maior centro clandestino de torturas e desaparecimento de pessoas, durante a ditadura, a ESMA. Este espaço para memória é um museu que não fala apenas desses 74 dias de guerra e sim de 187 anos de história. É que esse lugar significa todo um processo de transformação que deu Malvinas e que também faz parte dessa construção coletiva que estamos tendo com a América Latina." E continua:

– Nós, os ex-combatentes, temos como palavra de ordem: "Voltaremos às Malvinas pela mão da América Latina". Então, estamos entendendo que as Malvinas são parte de um território argentino. Malvinas não são duas ilhas (Malvina Ocidental e Malvina Oriental). São três milhões de quilômetros quadrados. É uma estrutura de uma base militar da OTAN, controlando o Atlântico Sul, com as bases norte-americanas no Peru, Colômbia, na Ilha de Assunção, Ilha Santa Helena, como estratégia dos Estados Unidos para controlar a região, com a IV Frota dando voltas. E desta perspectiva, o Reino Unido não está aí para ver se a Argentina vai invadir, está aí para ter o controle do Atlântico Sul com sua conexão com o Oceano Pacífico, e para, quando se for discutir os direitos naturais e os recursos da Antártida, pedir a porção que já está chamando de "território da rainha Elizabeth".

O ex-soldado, que voltou da guerra, prisioneiro, no navio inglês Camberra, depois da rendição em 14 de junho de 1982, sustenta que as Malvinas fazem parte do que está reclamando o Chile, Argentina, Uruguai e Brasil. Estes países, seguramente, segundo ele, vão se colocar de acordo, como países, para trabalhar sobre os recursos e pesquisas como está se fazendo até agora. "Mas, no meio disso, está a porção maior que quer o Reino Unido, como parte de seu suposto território, porque têm aí as Ilhas Malvinas. Então, a partir deste lugar, o que queremos é que as Malvinas sejam parte do território latino-aericano e não um território extracontinental da Inglaterra", conclui Edgardo Esteban.

XXI
O Papa argentino e os Kirchner

Um dia antes de completar 78 anos, o Papa Francisco se consagrava mundialmente como um pontífice progressista e de vanguarda, além de ator privilegiado no cenário internacional. Naquele 13 de dezembro de 2014, os presidentes Barak Obama, dos Estados Unidos, e Raúl Castro, de Cuba, anunciavam, em pronunciamentos simultâneos, em Washington e Havana, precisamente, às 15 horas (de Brasília), o reatamento de relações diplomáticas entre os dois países, depois de 53 anos de altas tensões, incluindo uma ameaça de ataque nuclear. Não importa que, dois anos depois, Donald Trump viesse desfazer tudo e mostrasse mais uma vez a carranca de Washington.

Nos pronunciamentos, os dois presidentes agradeceram a intermediação determinante de Francisco, segundo ambos, nas tensas negociações que levaram àquele acordo. Foram mais de seis meses de um xadrez complexo, envolvendo funcionários do Vaticano, da Casa Branca e do Palácio da Revolução, em algum lugar do Canadá. Antes, o Papa já tinha demonstrado o seu desprendimento com relação aos faustos e abusos da Igreja de Pedro e um empenho denodado para aliviar a pobreza e buscar a paz no mundo: dispensa dos suntuosos aposentos papais, punição aos prelados envolvidos com a pedofilia, demissão do presidente do banco do Vaticano e até de uma oração conjunta com os governantes de Israel e da Palestina, em favor da paz.

A singularidade de Francisco é ser ele um cardeal da Argentina feito Papa, depois de muitos séculos de domínio europeu na cúpula da Igreja Católica. Sua designação na manhã de 13 de março de 2013, tinha também surpreendido o mundo, ainda que Jorge Mario Bergoglio figurasse como um sério postulante nas eleições papais anteriores.

No plano interno da Argentina, o arcebispo de Buenos Aires tinha tudo, em suas novas funções, para se transformar num fator poderosíssimo contra Cristina e o kirchnerismo. Assim pelo menos esperavam dele os setores corporativos que inspiravam e respaldavam suas escaramuças contra os governos dos Kirchner, nos últimos 10 anos. Ele combateu ferozmente tanto Néstor como Cristina, provocando um nível de relacionamento que, se não chegou ao rompimento total, beirou muito perto. Daí a dedução lógica de que ele, na Cidade Eterna, funcionaria como um aríete certeiro contra o governo comandado por Cristina Fernández de Kirchner.

Mas não foi o que se sucedeu, muito pelo contrário. As razões daquilo que se transformou num prolífico diálogo entre dois governantes – a dos terrenos argentinos e o dos santos ofícios de Roma – podem ser atribuídos indistintamente ao bom-senso e à clarividência desses dois líderes populares. Antes, porém, que expliquemos este ponto de vista, é importante que remontemos um pouco a história e o contexto em que pontificaram Francisco, Néstor e Cristina. A Argentina é um país moderno e evoluído, mas carrega em sua constituição, datada de 1853[21], logo no artigo 2º, um anacronismo intolerável no século XX: "O Governo Federal mantém o culto católico apostólico romano", estabelece o dispositivo.

Isto implica que o governo banque o salário dos bispos, dos padres, suas aposentadorias e, ainda, a manutenção dos colégios católicos

[21] A constituição da Argentina ainda guarda a data de sua primeira edição, de primeiro de maio de 1853, quando foi promulgada pela Convenção Constituinte, reunida em Santa Fé, sem a participação do então estado de Buenos Aires. Este se manteve separado de fato da Confederação Argentina até 1959, quando o país, finalmente, se unificou. Não obstante, ela foi alterada pelos diversos golpes militares e os governos constitucionais de Perón. A última dessas modificações mais abrangentes, ocorreu na Convenção Constituinte, de 1994, também reunida, em Santa Fé, mediante um consenso a que chegaram Governo (Carlos Menem) e oposição (Wikipedia).

privados. Ou seja, uma corte quase monárquica em plena república, que o contribuinte é obrigado a custear, desde o nascimento até a morte. O incrível é que pouca gente sabe disso, pois a oligarquia é historicamente astuta na ocultação de seus privilégios. Isso também ocorre com a decantada independência da justiça, a suposta imparcialidade dos meios de comunicação e a independência do Banco Central.

Curiosamente, o artigo 2º, longe de atrelá-la aos anseios dos cidadãos, faz da Igreja uma das forças mais conservadoras, num movimento que a faz se voltar sempre contra qualquer iniciativa transformadora e popular. Em 1955, o Papa Pio XII excomungou Perón numa espécie de senha para o sanguinolento golpe que depôs o presidente promotor dos avanços sociais e econômicos jamais obtidos ao sul dos trópicos.

Quando Néstor e Cristina se instalam na Casa Rosada, em 2003, com um projeto nacional e popular de soberania, a Igreja é uma das primeiras forças sociais a boicotar a ação governamental. Jamais aceitaria um líder, quanto mais um casal de peronistas, e ainda por cima, unidos pelo matrimônio católico, civil e, no caso específico, ideológico, na presidência da República.

Nos primeiros 10 anos, o clero argentino, sob os olhares complacentes do Vaticano, nunca deu um minuto de trégua ao casal peronista. Os tempos dos Kirchner eram outros, se dirá. Mas a aliança da milenar instituição com o poder econômico e a mídia, seu principal bastião, se mostrava tão sólida e inexpugnável no novo milênio, como no ano da queda de Perón, 1955.

Por sua vez, a determinação do novo governo em julgar os envolvidos em crimes de tortura, desaparecimento de presos políticos e apropriação e comércio de filhos recém-nascidos destes, durante o período militar (1976-1983), o governo Kirchner provocou a reação violenta da cúpula conservadora, acumpliciada com os generais. A Igreja, que sempre fez parte ativa nesta elite, também convalidou todas as ditaduras, assim como a mídia, os banqueiros e grandes empresas multinacionais.

Com efeito, em 2003, aquele legado do último surto ditatorial de 1976 era uma questão mal resolvida, que inquietava a todos, pelas implicações humanas, pois afetava diretamente numerosas famílias, as quais perderam cerca de 30 mil de seus entes queridos. Os governos civis que sucederam os generais, a partir de 1983, chegaram a iniciar alguns processos contra os abusos da ditadura, mas amenizaram ou procrastinaram a punição dos culpados, temendo pressões militares ou perseguição política. Néstor, porém, decidiu encarar o problema e colocá-lo na ordem do dia. Neste sentido, contou com a ajuda substancial dos movimentos Madres e Abuelas de Mayo e da perseguida militância popular.

Os esforços de Kirchner, nesta área, foram de tal ordem, que o Conselho dos Direitos Humanos da ONU, reunido em Genebra, em 12 de setembro de 2014, reconheceu que "o processo de julgamento dos crimes contra a humanidade, na Argentina, teve um desenvolvimento quantitativo e qualificativo... um exemplo mundial na luta contra a impunidade", resultando importante, por isso, "continuar com a experiência do sistema estabelecido".

Mesmo assim, a Igreja logo se enfileirou na linha de frente contra o governo kirchnerista adotando uma linha de oposição intransigente e até desestabilizadora. Parecem ter falado mais alto suas relações e, mesmo, envolvimento nos desmandos daquele período negro. Pesou, igualmente, o receio de que as reformas sociais – outras prioridades dos Kirchner –, prejudicassem seus rendosos negócios nas escolas particulares e propriedades rurais e urbanas. Os ataques nos púlpitos ou pela mídia chegaram ao nível de desfeitas com a pessoa do chefe de Estado, como aquela do tradicional *Te Deum* do dia nacional, de 25 de maio 2004, na catedral Metropolitana. Na homilia daquele ato, o cardeal-arcebispo Jorge Mario Bergoglio ressaltou que "o povo estava cansado dos anúncios estridentes", convocando a que se protestasse contra "os que se sentem tão incluídos que excluem os demais".

O presidente Néstor Kirchner, que assistia ao ato de mãos dadas com a primeira dama e senadora Cristina Fernández, tendo ao lado todo o ministério, ouviu calado, mas deu o troco depois: "Nosso Deus é de todos, mas cuidado que o diabo também chega a todos, os que usam calças e os que usam batinas", afirmou, ao abordar o tema em um programa de TV (?).

Para evitar novos constrangimentos, Néstor decidiu não mais comparecer ao *Te Deum* da catedral, rompendo uma tradição que se cumpria desde 1808: a cerimônia religiosa em celebração ao dia da pátria, a que costumam comparecer os integrantes dos poderes executivo, legislativo e judiciário, e o corpo diplomático. Em consequência, o comparecimento presidencial ao ato religioso foi temporariamente suspenso na catedral, optando o presidente por prestigiar a data nacional em paróquias e menos hostis, como a tradicional Basílica de Nossa Senhora de Luján, na cidade do mesmo nome, 60 quilômetros a oeste de Buenos Aires, de que Cristina é devota.

Bergoglio, juntamente com toda a cúpula do clero, ainda protagonizou outros atos de enfrentamento contra Néstor e, depois, no período Cristina. O fato reverberaria com grande estardalhaço nos jornais e TV, os quais não escondiam seu alinhamento com as posições do cardeal. A polêmica chegou ao ápice, na crise do campo, em 2008, quando Bergoglio atuou como um verdadeiro militante ao lado dos ruralistas. Quando o vice-presidente Julio Cobos deu seu voto de desempate contra o projeto do governo que aumentava os impostos de exportação da soja, o cardeal foi abraçá-lo. Na ocasião, Cobos, que tinha sido eleito na chapa de Cristina, rompia espetacularmente com o governo, com o que se credenciou como o candidato midiático para enfrentar Cristina na eleição de 2011. Cobos, no entanto, se perderia na poeira da história, pouco tempo depois, e nunca mais se recuperaria, politicamente, daquele ato traiçoeiro.

Bergoglio ainda mobilizou as paróquias de todo o país contra a proposta do governo instituindo o matrimônio igualitário, recomendando os padres a fazerem sermões contra a proposta. Também convocou passeatas de protesto nas ruas das principais cidades. Desta vez, o cardeal perdeu, porque o povo não acorreu maciçamente às ruas e o Congresso aprovou o projeto por grande maioria.

A confrontação do arcebispo com os Kirchner foi permeada por inúmeras tentativas de conciliação, incluindo audiências de Bergoglio e a cúpula da Igreja na Casa Rosada, tanto com Néstor como Cristina, tendo chegado a acalmar os ânimos, em certos momentos, mas só temporariamente.

Com a eleição de Cristina, uma católica assumida e praticante, e oponente (até então) do aborto, esperava-se uma acomodação da Igreja com a Casa Rosada. Bergoglio que, àquela altura tinha esgotado seus mandatos de 12 anos à frente da Conferência dos Bispos, foi recebido em palácio e manteve conversações mais ou menos frequentes com a chefa de Estado, mas os problemas persistiam.

Por precaução, Cristina continuou evitando o *Te Deum* na Catedral, enquanto o clero redobrava suas críticas à política governamental. Reclamava contra a pobreza, a corrupção e a inflação, como se os Kirchner não tivessem mobilizado toda a máquina governamental para coibi-los. A pobreza tinha diminuído de quase 50% para menos de 20% e o desemprego, de 25% para 7%, embora os atos de corrupção persistissem, como em qualquer governo. Até o Banco Mundial, que não simpatizava com as reformas kirchneristas, reconheceria, em setembro de 2014, que a Argentina reduziu a pobreza de forma drástica, estabelecendo um percentual equivalente a 11%, além de quase ter redobrado a classe média existente antes de 2003.

O curioso é que a Igreja não fazia aquelas críticas, sob o regime militar e a época neoliberal, quando a situação econômica e social era, reconhecidamente, calamitosa. A posição do clero argentino, além das razões históricas vinculadas ao conservadorismo, é explicada como uma reação ao papel dos Kirchner, que implicaria uma autonomia do Estado em relação à Igreja. Segundo o professor de Sociologia da Religião da Universidade de Buenos Aires, Rubem Dri, em declarações à CNN, de 15 de março de 2013, "a Igreja se considera dona (*maestra*) de determinados temas", em torno dos quais "deve ser obedecida pelo Estado". Dri cita entre esses temas "a educação e tudo o que tem a ver com a moral, principalmente o sexo: a família, o casamento, a questão da possibilidade do aborto, casamento igualitário, as relações extramatrimoniais".

Desta maneira, a súbita ascensão de Jorge Mario Bergoglio como Papa, em 13 de março de 2013, fazia, compreensivelmente, entrever um acirramento da disputa com perdas evidentes para o governo Cristina.

Paradoxalmente, a Igreja, se via, naquela época, envolvida em escândalos financeiros e sexuais, numa dimensão inédita na sua história de dois mil anos.

As novas tecnologias da informação, em particular, as redes sociais, encarregavam-se de alardear estas denúncias, com sérias implicações no alcance da mensagem de Cristo e nas vocações sacerdotais.

Por essa e outras razões, talvez não tenham se concretizado os prognósticos de que, feito Papa, o cardeal portenho fosse elevar a escala planetária suas críticas a Cristina, então já cumprindo seu segundo mandato de presidenta, para o qual fora eleita com 54% dos votos. Os poucos dias do novo papado já indicavam alguma distensão entre os dois chefes de Estado, para desalento dos que foram às ruas saudar a escolha do papa argentino como prenúncio da queda do kirchnerismo.

Tomada de surpresa com a boa-nova, Cristina, que tem faro invulgar para acomodar-se a novas situações, escreveu uma carta de saudação protocolar, vista por alguns como fria, mas na qual embutia o sincero desejo de colaboração e convivência. Depois, anunciou que iria a Roma para a sagração do sumo pontífice, a partir da qual ocorreu o início de um diálogo respeitoso, ainda que este não implicasse a diminuição da animosidade do clero argentino contra o governo.

Em um ato público, a presidenta ainda se referiu à escolha do novo Papa como um fato histórico: "Pela primeira vez, em dois mil anos da Igreja temos um Papa que pertence à América Latina. Desejamos de coração que Francisco I possa alcançar maior grau de fraternidade entre os povos e as religiões", ressaltou Cristina.

O diálogo prolongou-se e aprofundou-se em outros encontros pessoais de ambos, no Vaticano, e outros países em que o Papa recebeu Cristina, apesar de alguns contratempos com a assessoria argentina de Bergoglio, a qual, por vezes, gerava algumas discrepâncias. Houve contenção e cuidado de ambas as partes, procurando cada uma facilitar a convivência. Cristina minimizou denúncias, sem confirmação, de envolvimento do ex-arcebispo no desaparecimento de padres na ditadura, e o novo Papa, evitando fazer críticas ao governo.

Alguns contratempos surgiram inclusive próximos ao Papa. Seu porta-voz, por exemplo, o monsenhor argentino Guillermo Karcher, chegou a desmentir uma mensagem papal à Cristina, por ocasião do dia da Independência, o 24 de maio de 2014:

"É uma colagem e foi feita de má fé", ironizou Karcher, em declaração aos jornais, que estamparam o suposto desmentido de forma estrondosa, como sendo uma desautorização a Cristina, cujo serviço de imprensa, à frente a Agência Télam, havia difundido a mensagem. O próprio Francisco I encarregou-se de restabelecer a verdade, quando ligou pessoalmente para o embaixador argentino no Vaticano, Juan Pablo Cafiero, para dizer "de maneira oficial" que "é autêntica a carta de felicitações por motivo da data pátria de 25 de maio".

Cafiero, na verdade, tinha sido objeto de outra patranha da mídia, segundo a qual, o governo de Cristina havia montado uma operação para impedir a designação de Bergoglio como sucessor de Benedito XVI. Seria uma intermediação junto aos cardeais adversários durante as cinco votações do Conselho de Cardeais que resultaram na designação do novo Papa, em 2013.

Nesse esforço de aproximação, Cristina voltaria a comparecer ao *Te Deum* da Catedral, em 2014, depois de oito anos de ausência. O novo cardeal Mario Poli, substituto do Papa Francisco, saudou a presença de Cristina e todo o ministério, pedindo pela unidade do país: "Ou se privilegia o diálogo, pela cultura do encontro ou todos perdemos. Por aqui segue o caminho fecundo". A presidenta não falou mas cumprimentou cordialmente Poli.

O mesmo monsenhor Karcher, aquele do desmentido da mensagem papal, reconheceria seis meses depois, em entrevista na Rádio Nacional, a "afinidade" que existe entre Cristina e o Papa, ao mesmo tempo que considerou "lógico" esse vínculo, porque, como frisou, "se trata de duas pessoas de uma mesma nacionalidade, que até podem compartilhar uns mates (chá)".

Por causa do puxão de orelha, o casal presidencial deixou de ir à Catedral para o *Te Deum*, em aberto desafio ao poder divino na terra.

A situação mudou por completo com a escolha do papa argentino, em 2013. Esta resultou num início de diálogo pessoal Cristina-Papa Francisco, primeiramente, só em nível de pessoal dos dois chefes de Estado, e depois em nível da igreja com a inquilina da Casa Rosada. Cristina voltou ao *Te Deum* da catedral metropolitana, depois de oito anos de ausência, no que poderia selar um acordo de convivência pacífica.

Mas naquele mesmo *Te Deum* de 25 de maio de 2014, alusivo ao 204° aniversário da Revolução de Maio, a presidenta é novamente surpreendida por uma advertência, talvez um pouco menos contundente do que as da época de Bergolgio, mas não menos azeda[22]. O cardeal Mario Poli, sucessor de Bergoglio, passou toda a homilia daquele ato, falando da necessidade do diálogo, numa advertência indireta ao enfrentamento de Cristina e os jornais *Clarín* e *La Nación*. Para isso, citou declarações anteriores de Francisco: "Quando os líderes de diferentes setores me pedem um conselho, minha resposta é sempre a mesma: diálogo, diálogo, diálogo".

[22] http://www.lanacion.com.ar/1794965-cristina-elude-otra-vez-el-Te Deum-de-la-catedral

Era uma referência quase explícita à recusa da presidenta em aceitar as pressões da mídia corporativa para tutelar seu governo. Cristina ouviu calada e se comportou como autêntica devota de Cristo, como costuma proclamar. Mas guardou sua resposta para o ato com o povo na Plaza de Mayo, naquele dia, comemorando os 204 anos da Revolução de Maio, início da independência dos grilhões da Espanha:

"Não me interessa a unidade nacional para voltar atrás, para não cuidar dos pobres". Em seguida, respondeu ao sermão do cardeal Poli:

"Alguns querem boicotar, alguns querem dividir e enfrentar. Não contem comigo, vou continuar trabalhando, como sempre, pelas ideias que creio, com a força de minhas convicções. Mas, também, lhes peço, como o fizemos na oração de hoje de manhã, que não atormentem mais os argentinos; que ajudem a gerar fé no país e nas oportunidades que temos".

A polêmica, entre o cardeal substituto de Bergoglio com Cristina, estendeu-se até o fim do mandato presidencial, em 10 de dezembro de 2015. Mas acabou se limitando a uma rusga local, aparentemente, sem o respaldo de Francisco, que continuou a receber pelo menos oito vezes Cristina, não só em Roma, como em suas viagens a Cuba e ao Paraguai.

O Papa argentino tomava até um sentido oposto ao conservadorismo, que, beirando o reacionarismo da igreja argentina, continuou fustigando o governo popular. Eram, principalmente, denúncias, insistindo no crescimento da pobreza, sem atinar para os esforços dos governos Kirchner, que diminuíram, sensivelmente não apenas o número de pobres como o do desemprego, segundo dados de agências da ONU. O curioso é que a igreja defensora dos humildes não usou de tanta ênfase, quando o governo conservador e amigo de Maurício Macri, que sucedeu a Cristina (2015-1019), fez explodir os índices de miséria, pobreza, inflação e endividamento.

Quanto a Maurício Macri, Bergoglio não escondeu seu desconforto com o governo neoliberal, do empresário-presidente. Ele também se recusou a ir a Argentina, justamente sua pátria, apesar de ter visitado países limítrofes, como o Brasil, Bolívia, Equador, Paraguai e Chile. No continente, ele ainda visitaria Colômbia, Panamá, Cuba (duas vezes), México e Estados Unidos. É verdade que, igualmente, evitou pisar solo pátrio nos nove meses que ainda restavam do último mandato de Cristina, depois que Bergoglio foi feito Papa.

As posturas progressistas de Francisco incomodavam, especialmente, o *Clarín* e *La Nación*, que preferiam um Papa mais conservador e aliado ao neoliberalismo. Em junho, quando já se formalizara a chapa Fer-Fer, Francisco recebeu, em Roma, uma delegação de juízes de diversos países latino-americanos, entre os quais o ex-ministro da Suprema Corte argentina, Raúl Zaffaroni. Criticou, na ocasião, o uso do *lawfare* para perseguir adversários, no que foi interpretado como uma censura aos processos movidos pela justiça contra Cristina. O Papa disse: "O Direito, além de colocar a democracia em risco, é usado para minar os processos políticos emergentes... é essencial detectar e neutralizar essas práticas... em combinação com operações multimídia paralelas".

Um jornalista prestigiado do *Clarín*, Ricardo Roa[23], verberou, em artigo, de 8 de junho de 2019, com manchete de primeira página, intitulado *O Papa, novo advogado de Cristina*: "O Papa não vem à Argentina, mas não se priva de falar o tempo todo da Argentina. E sempre no mesmo sentido. Acaba de meter-se, explicitamente, nos processos contra Cristina".

Queixando-se que "Francisco acaba de desempoeirar a teoria do *lawfare*, diz, em seguida, até se contradizendo: 'Parece uma frase escrita à medida para Cristina por Zaffaroni, que aplaudiu o discurso do papa ao vivo e direto", disse Roa, emendando: "*Lawfare* é uma palavra nova, que nem sequer está no dicionário. Sem tecnicalidades para confusão, significa justiça que não é justiça, mas mecanismo para prejudicar um

[23] https://www.clarin.com/opinion/papa-nuevo-abogado-cristina_0_xYzq_60Cz.html

adversário. Algo que Kirchner conhece e muito. Agora, isso significa em linguagem clara: preparação para a impunidade e argumentos para um perdão se a ex-presidente vencer as eleições".

Zaffaroni, que estranhou a comparação, observou que, na Argentina, se interpreta que cada palavra de pontífice, por ser ele natural do país, como sendo dirigida a seus compatriotas: "Francisco", explica, "é um dos poucos líderes mundiais que está falando a verdade, advertindo que estamos destruindo o planeta (com as políticas predatórias do meio ambiente), as condições de habitabilidade da terra, num sistema que, francamente, não tem sustentabilidade".

"Ora, ele não está falando da Argentina. Aqui, existe a implicância de que o Papa age com vistas à política interna, como se o italiano Pio XII (1939-1958) não tivesse tido nada a ver com a Democracia Cristã (antigo partido político dominante que ganhou todas as eleições da Itália, de 1946 a 1992). Ou que João Paulo II (1978-2005) não tivesse se metido na política da Polônia. Francisco é até mais prudente, na medida em que não tem uma ingerência física na Argentina".

XXII
A disputa pelos relatos

NÉSTOR E CRISTINA SE DIZIAM PERONISTAS CONVICTOS E, POR CONSEGUINTE, infensos às habituais cooptações nas quais submergiram muitos outros companheiros de jornada, inclusive de antecessores na Casa Rosada, os quais, no final, se colocaram contra tudo o que pregava Perón. Um deles, Carlos Menem, que, como FHC no Brasil, dilapidou o país com privatizações selvagens indiscriminadas das estatais e a dolarização branca, chamada convertibilidade, passou a defender o estabelecimento de relações carnais com os Estados Unidos.

O casal estava convencido de que, como anotara Cristina, governar pressupunha a construção de uma comunicação fruto da disputa de relatos, ou seja, de narrativas que venham a prevalecer no imaginário coletivo. Na Argentina, como em quase todo o planeta, o relato vinha sendo imposto aos países periféricos, desde a metrópole, por um complexo sistema de dominação que dita, lá de fora, os comportamentos, as percepções, as análises, as opiniões e, até os modismos. Trata-se de um empreendimento que, como dizia Nicolás Casullo[24], professor da Universidade de Buenos Aires, já falecido, "quer ser dono do dia, da semana, da encruzilhada".

Um governo transformador teria de construir seu próprio relato, por mais gigantesca e espinhosa que se apresentasse a tarefa. Era o

[24] Artigo de Nicolás Casulllo, "Guerra por las agendas", no jornal Página 12, de 30 de dezembro de 2007.
http://www.pagina12.com.ar/diario/elpais/1-96851-2007-12-30.html

grande desafio que decidiram enfrentar os Kirchner. Sabiam estar fadados aos mais encarniçados ataques de um poder econômico potencializado pelas novas tecnologias da informação, que faziam da mídia uma ameaça ubíqua e permanente a qualquer ensaio de soberania.

Além da coragem cívica e pessoal para arrostar as incompreensões, o casal Kirchner contava com uma premissa a seu favor. É que os dois desenvolveram essa convicção na militância universitária, no ostracismo da ditadura e mesmo na política interiorana de Santa Cruz, nos cafundós da distante e despovoada Patagônia. Desse modo, quando aportam ao poder, em 25 de maio de 2003, com a eleição de Néstor como presidente da República, esses militantes peronistas adotam uma abrangente estratégia de comunicação direta com o povo.

Com base no raciocínio de que seria impossível governar para o país tendo pela frente o poder avassalador da mídia, que parecia subjugar todas as instituições – Parlamento, Executivo e Judiciário –, a estratégia envolvia uma ampla e orgânica mobilização da sociedade. Nesta perspectiva, a prioridade não estava no trato com os grandes conglomerados midiáticos – jornais, rádio, TV, agências de publicidade etc. –, a que se submete docilmente a maioria dos governos, sejam eles de direita ou de esquerda.

Seu foco estava na articulação, além do uso das novas tecnologias, de uma rede centrada nas várias forças sociais, que formavam justamente o setor mais desprezado: a juventude das periferias, a classe média e as universidades, os ativistas dos direitos humanos, intelectuais, lideranças peronistas e de esquerda, e todos os excluídos pelo caldo de cultura neoliberal.

Estes setores militantes passaram a reunir-se, sistematicamente, às vezes com o próprio presidente Néstor ou a senadora Cristina, e em todos os níveis da administração e da sociedade, para traçar linha e planos de ação, assim como sugestões e projetos de governo.

Ao contrário das reuniões partidárias convencionais, que na maioria das vezes derivam em disputas por cargos ou o simples arrivismo, tais encontros eram convocados a debater os vários problemas correntes e, em seguida trabalhar as pautas específicas. Discutiam e apontavam soluções ao governo diante de questões cruciais, tendo, em primeiro lugar, o desemprego que batia recordes de 25%, depois; a educação, saúde, moradia, transporte e a comunicação oficial. Suas sugestões eram logo estudadas e materializadas pelos vários setores do governo, com o fim de transformá-las. Alguns de seus autores se projetaram como futuros dirigentes de órgãos do Executivo ou representantes no Parlamento. Ao mesmo tempo, estas reuniões funcionavam como dinâmicos cursos de formação política e civismo, já que as pessoas encaminhavam os problemas diretamente aos funcionários e representantes autorizados do governo. Era ainda uma maneira de conscientizar a coletividade para engajar-se na reconstrução do país e na defesa do governo, já então sob as pressões cada vez mais asfixiantes dos grupos econômicos, particularmente, através de campanhas desestabilizadoras conduzidas pelos meios de comunicação.

Eram reuniões, seminários e congressos, realizados nos âmbitos de bairro, município, província e de país, assim como nas universidades, centros culturais e movimentos sociais, com um número crescente de participantes. Dali, saíam os planos nacionais com que a Argentina rompeu a depressão e se tornou uma das economias mais fortes e abrangentes do continente.

Aqui, porém, Néstor e, depois, principalmente Cristina, se enfrentariam com o setor sindical peronista, que se via protelado, particularmente, pela juventude kirchnerista reunida na agrupação La Cámpora. Parte deste setor, inclusive o poderoso presidente do sindicato dos caminhoneiros, Hugo Moyano, abandonou Cristina e apoiou o candidato neoliberal Maurício Macri, na eleição de 2015, contra Daniel Scioli, apontado por Cristina. Moyano, que ainda liderou cinco greves gerais durante o segundo mandato cristinista, refluiu e apoiou a aliança União de Todos, tendo Alberto Fernández como presidente e Cristina Kirchner, como vice. Isto depois de liderar outras quatro greves gerais contra Macri. Os sindicalistas ainda se queixavam de que a Cámpora estivesse aparelhando os cargos governamentais em proveito próprio ou de alguns de seus líderes, como hoje lembra a jornalista Andrea Holgado, em depoimento ao autor.

Não obstante, a dinâmica de trabalho comunitário, iniciada por Néstor, levava em conta o entendimento de que, sem uma política de comunicação, ou seja, a construção de um relato próprio, que neutralizasse as chantagens da mídia em favor dos interesses econômicos, sempre em prejuízo da população, nenhum governo democrático conseguiria sobreviver.

Foi aí que tomou corpo a ideia de estimular o projeto das várias entidades de base, inclusive nas universidades, sindicatos e movimentos sociais, reunidas na Coalizão por uma Radiodifusão Democrática e que resultou na Lei 26.522 de Serviços de Comunicação Audiovisual (a *Ley de Medios* ou Lei da Mídia para o Brasil), de 2009. Esta lei, destinada a tornar a informação um direito cidadão e não simples mercadoria de troca, como a tratavam os meios de comunicação corporativos, adotou como base a proposta de 21 itens, alinhados pela Coalizão. Antes, havia sido debatida, durante um ano, em 24 fóruns, nas 23 províncias e na capital federal, tendo sido apresentada durante uma manifestação de 70 mil pessoas no centro de Buenos Aires. As discussões envolveram jornalistas, comunicadores audiovisuais, estudantes e professores, sindicalistas *experts* e o público em geral.

Antes de examinar a Lei da Mídia e a reestruturação da rede de comunicação pública efetuada pelos governos Kirchner, esta última objeto de capítulo à parte mais adiante, é importante analisar o esquema armado pelos grandes grupos de mídia para engessar Néstor Kirchner, ou derrocá-lo, caso não se deixasse submeter a seus interesses, quando ele se preparava para botar os pés na Casa Rosada. Recorde-se que um ano antes, 2002, a sucursal venezuelana da mídia hegemônica armou um golpe cívico-militar contra o presidente Hugo Chávez, que foi preso, durante 48 horas, e enviado para uma ilha militar, de onde foi resgatado com todos os poderes, por uma insurreição popular.

Na Argentina, dos meados de abril de 2003, as circunstâncias não se revelavam das mais promissoras para a democracia. Onze dias antes da posse de Néstor, em 25 de maio daquele ano, a situação do país era extremamente volátil, em função, ainda, da anarquia desatada pelos levantes de 2001, o *default* e a instabilidade política que redundara na sucessão de cinco presidentes, em poucos dias. Buenos Aires afundava-se nos boatos desqualificando Kirchner e prevendo mais incertezas nos rumos sucessórios, o que afetava a já extenuada economia do país vizinho.

Kirchner encontrava-se, particularmente, vulnerável devido à circunstância de só haver obtido 22,24% dos votos no primeiro turno da eleição presidencial de 27 de abril de 2003, ainda que apenas dois pontos e um décimo percentuais abaixo do ex-presidente Carlos Menem (24,45), o primeiro colocado. Com medo de uma derrota evidente no segundo turno, pois as pesquisas indicavam o favorecimento de Kirchner com mais da metade dos votos, Menem desiste de concorrer, quatro dias antes da eleição, depois de criar um suspense de 36 horas.

Neste curto período, despontaram especulações as mais disparatadas, ainda que a constituição fosse clara quanto à consagração do segundo colocado como presidente, no caso de renúncia do primeiro. Interpretações variadas, e muito insufladas pelas grandes cadeias de TV, rádio e jornais, sugeriam, por exemplo, que, com a renúncia de Menem, Kirchner seria obrigado a concorrer no segundo turno com o terceiro colocado, Ricardo López Murphy. Murphy, um ex-ministro da economia de De la Rúa e Chicago Boy prestigiado nas grandes esferas financeiras, poderia virar o jogo, com tal apoio.

Percebendo as manobras, Néstor Kirchner decidiu pôr fim às especulações e assumir de imediato sua condição de presidente eleito. Foi à televisão e fez um discurso duro, no qual falou de suas responsabilidades como o novo chefe de Estado e denunciou que, por trás do gesto de Menem, estava o interesse em "deslegitimar a vontade de mudança expressada pela sociedade em 27 de abril (eleição de primeiro turno)". Ressaltou que a desistência favorecia "esses mesmos interesses que cooptaram o Estado e compraram a política... corromperam os dirigentes e arruinaram a vida dos cidadãos". Eram, segundo Kirchner, "interesses de grupos e setores do poder econômico que se beneficiaram com privilégios inadmissíveis, ao amparo de um modelo de especulação financeira e subordinação política".

Depois de lembrar que assumia uma "Argentina devastada, pressionada e extorquida pela voracidade especulativa, as práticas corporativas e os egoísmos pessoais de seus dirigentes políticos", advertiu:

"Não cheguei até aqui para pactuar com o passado, nem para que tudo termine em mero acordo das cúpulas dirigentes. Não vou ser presa das corporações".

Tal postura independente de um presidente eleito não era admissível por uma mídia controlada pelo poder econômico, que sujeitava por inteiro os presidentes da Argentina e de praticamente todo o planeta.

A reação midiática, então, desabou com a força de um raio na manhã seguinte, através de um editorial do jornal *La Nación*. A dez dias de assumir, Néstor via desencadear-se contra si uma guerra midiática sem quartel que iria marcar todo o seu período presidencial e o da esposa sucessora. *La Nación*, o segundo maior grupo de comunicação do país, espalhava o pânico no mundo dos negócios e da política ao "decretar" que o novo presidente não ficaria um ano no cargo.

Com efeito, Néstor e Cristina, por maiores que fossem suas expectativas de noviços governantes em manter um convívio, no mínimo, educado, com o segmento midiático, não podia esperar muito do polvo comunicacional. Administrado há mais de um século por descendentes do ex-presidente Bartolomé Mitre (1862-1868),[25] *La Nación*, invectivava,

[25] A Wikipedia fala assim de Bartolomé Mitre em sua edição em português (http://pt.wikipedia.org/wiki/Bartolom%C3%A9_Mitre): "A posição de Mitre, em relação aos países latino-americanos foi de completa indiferença. Quando seu governo foi convidado para participar do Congresso Pan-Americano de 1862, em resposta à invasão francesa do México e a anexação espanhola de Santo Domingo, Mitre recusou-se a nomear um representante oficial. Ele acreditava que seu dever era exportar liberalismo econômico para as províncias (...) e os países vizinhos.

em tom de ultimato, no editorial, assinado pelo subdiretor e homem forte da redação, José Claudio Escribano, na edição impressa de 15 de maio de 2003:

"A Argentina resolveu eleger governo por um ano". O artigo aludia a uma reunião, em Washington, realizada em 28 de maio do Conselho das Américas, uma espécie de centro pensante do *establishment*, do qual faziam parte o banqueiro David Rockfeller e o general Collin Power, ex-comandante do Exército e secretário de Estado norte-americano. Nesta reunião, à qual Escribano teria comparecido, havia-se chegado à conclusão de que "a Argentina resolveu eleger um governo débil".

Pouco antes de publicar o artigo, Escribano tentou intimidar o já então tido como futuro presidente, numa conversa reservada com Néstor, ocasião em que tentou passar um recado da alta plutocracia americana, segundo revela o livro do jornalista Ed Zunino, *Patria o Medios*, na página 127:

"Antes de mais nada, queria contar-lhe as coisas que escutei há alguns dias em Washington, na última reunião do *Council of Americas*. Se dá como certo que o senhor será o próximo presidente, mas também que será um presidente débil (...). Acho que os (Kirchner) faria mudar essa opinião se enviasse sinais positivos aos Estados Unidos e de abertura para o mundo; (e) se promovesse desde logo um diálogo com o empresariado e a oposição".

Falando como se a Argentina fosse um protetorado dos Estados Unidos e não uma nação soberana, o jornalista Escribano foi ainda mais longe, ao alertar para a necessidade de conhecer a posição do Conselho das Américas, "pelo fato de (este) expor a gravidade das reflexões em Washington sobre o futuro possível da Argentina".

Mas Kirchner tinha um projeto diametralmente oposto à volta ao neoliberalismo, como sugeria ou queria determinar o sub-diretor do *La Nación*, e tanto, que já tinha definido em seu discurso da véspera: "Tenha o povo argentino a certeza de que quem lhe fala está decidido a dar volta à página da história e começar a construir, junto a todos, um país diferente, com muita humildade, mas com muitas e muito firmes convicções, esperança e otimismo".

A necessidade de uma nova Lei da Mídia, consenso generalizado entre os argentinos desde a reabertura democrática de 1983, mas continuamente torpedeada pelos grandes grupos de comunicação, tornava-se a partir daí cada vez mais urgente e inadiável. O anseio pela democratização da mídia devia-se também à inconformidade com a vigência da Lei Nacional de Radiodifusão, editada a partir de um conluio dos militares com os barões da imprensa, em 1976, e que sobrevivera praticamente intacta durante todos os governos civis instalados ao longo dos últimos 20 anos.

Na verdade, a legislação que vigia até então, baseava-se em decreto com força de lei do ditador Jorge Rafael Videla, de número 22.285, de 15 de setembro de 1976. Havia sido redigido de comum acordo com os grupos dominantes de comunicação, à frente o *Clarín* e *La Nación*, os quais também exigiram (e obtiveram no texto) a privatização das emissoras estatais de TV e rádio, de forma que estas fossem rateadas entre eles e outros grupos achegados.

O decreto militar ainda tinha como objetivo enquadrar a opinião pública no espírito da doutrina de Segurança Nacional, baixada pelo Pentágono e fielmente seguida pelas ditaduras que, na época, dominavam o continente. O artigo sétimo da lei rezava, por exemplo: "Os serviços de radiodifusão deverão difundir a informação e prestar a colaboração que lhe seja requerida, para satisfazer as necessidades da segurança nacional. Para esses efeitos, o Poder Executivo Nacional (ou seja, a ditadura, porque o Congresso estava fechado e o Judiciário amordaçado) poderá estabelecer restrições temporárias ao uso e prestação de todos os serviços previstos por esta lei".

O encaminhamento da nova lei de mídia, contudo, ainda demoraria seis longos e tortuosos anos depois da posse de Néstor, para concretizar-se no segundo ano de mandato de Cristina. Até ali, as sabotagens midiáticas, nunca permitindo o direito de resposta nem o contraditório, e o assédio à economia, inclusive com ataques especulativos contra a moeda, já haviam demonstrado seu teor altamente corrosivo e desestabilizador. A cobertura francamente antagonizada na crise do campo de 2008, a incitação permanente a greves, distúrbios, saques e a persistente manipulação e distorção do noticiário, constituíram autêntica subversão da lei e da ordem.

A presidenta também se queixava da desinformação, ao chamar a atenção para o descaso das TVs com o panorama internacional, onde a crise econômica se abatia, com toda a violência: o desemprego, por exemplo, beirava os 30%, na Espanha e na Grécia. Já, na Argentina, o desemprego girava em torno dos 7%, como se aquilo fosse fruto do nada e não de intensos esforços do governo:

"A desinformação é também uma maneira de informar, de ocultar o que acontece em outras partes para que se possa distorcer, deformar o que acontece em seu próprio país, ou, pelo menos, não se ter parâmetros de comparações entre o que ocorre em outros lados e o que se ocorre aqui", ressaltava Cristina.

Neste caminho longo e cheio de pedras, como ocorre com toda ideia pioneira, o governo popular foi se preparando para produzir um texto que atendesse aos reclamos de uma sociedade, já então empolgada com as frestas propiciadas pela internet, em prol de uma mídia mais plural e democrática.

A situação era delicada, pois, afinal, a nova lei mexia num vespeiro que jamais havia sido tocado, praticamente desde o advento da radiodifusão havia quase um século: o feudo da comunicação, ferreamente controlado de dentro e de fora do país, pelo onipresente capital financeiro.

Em 27 de agosto de 2009, dia da radiofonia e dos cinco anos da criação da Coalizão por uma Radiodifusão Democrática, Cristina Kirchner entendeu ter chegado o momento de enfrentar o bicho-papão, encaminhando o projeto da lei de mídia. E dedicou a proposta aos 118 jornalistas presos desaparecidos na ditadura, "que, em vida, deram testemunho do que é o verdadeiro exercício da liberdade de imprensa".

Ela aproveitou a oportunidade para se referir às críticas de que estivesse exercendo superpoderes. "É curioso. Falam de superpoderes os mesmos que nos anos 90 usavam essas faculdades, não a favor da sociedade, e sim para (fazer) as privatizações, baixar salários e diminuir os orçamentos sociais. Enquanto foi assim, ninguém falou de superpoderes."

Mas, "na realidade", como sublinhou, "havia um superpoder na República Argentina, um superpoder que, por trás dos poderes instituídos pela Constituição, do Executivo, do Legislativo e do Judiciário, há outros poderes – sutis e nem tanto –, que têm a força suficiente para impor e arrancar decisões dos três poderes a partir da pressão".

Depois de recebido o projeto, o Congresso argentino o aprovou, em pouco mais de um mês, por significativa maioria: 144 votos a favor, três contra e três abstenções, de um total de 257 deputados (105 dos parlamentares da oposição se ausentaram); no Senado, constituído de 72 senadores, foram 44 a favor e 24 contra. A lei, que será esmiuçada no próximo capítulo, foi promulgada pela presidenta, no raiar do dia 10 de outubro de 2009.

XXIII
Lei da Mídia, a primeira do mundo

Cristina quase não dormiu naquela noite de sexta para sábado. Assistira pela TV ao debate de quase 20 horas, no Senado, e pela manhã deveria viajar para a Índia, acompanhada de 80 empresários, mais assessores e ministros. A votação no Senado, terminou às 6:08 horas da manhã de 10 de outubro de 2009.

O chefe da Casa Civil, Aníbal Fernández, havia ido pessoalmente à Câmara Alta, ainda pela madrugada, para certificar-se de que os autógrafos da nova lei seguissem de imediato para a Casa Rosada, a tempo de a presidenta sancioná-la. Cristina já havia dito que não embarcaria no Tango 01, o avião presidencial, enquanto não visse a Lei de Medios impressa no *Diário Oficial*. Não houve solenidade nem discursos para marcar a ocasião, apenas uma entrevista coletiva de Aníbal, marcada às pressas, para de manhãzinha, com o fim anunciar a vigência do novo diploma legal.

A presidenta compreendia a delicadeza e a complexidade daquele ato. Embora se sentisse preparada para revidar a fuzilaria mortífera que dele adviesse, quis assegurar-se de que não ocorresse qualquer contratempo legal ou burocrático enquanto estivesse a exatos 15.927 quilômetros de distância.

Com efeito, a lei era a primeira no mundo a quebrar o monopólio midiático e a mantê-lo sob permanente vigilância, obrigando as empresas, a partir de sua nave-mãe, o Grupo Clarín, detentor de enorme império, a desfazer-se de seus ativos para ajustar-se ao princípio tripartite da nova realidade comunicacional argentina.

Esse princípio determina a divisão equitativa do espectro radioelétrico (emissoras de TV e rádio), até ali dominado em quase 100% pelos magnatas da mídia, entre três setores-chave da sociedade, cabendo a cada qual um terço desse universo: prestadores de gestão estatal (governos federal, estadual e municipal), de gestão privada com fins de lucro (empresários) e de gestão privada sem fins de lucro (universidades, sindicatos, movimentos sociais, povos originários, ONGs etc.).

A lei também limita a concentração, fixando teto para a quantidade de licenças e por tipo de veículo (TV aberta, TV a Cabo, rádios). Um mesmo concessionário só poderá dispor de uma licença de serviço de comunicação audiovisual por satélite (cabo); até 10 sinais sonoros, de televisão aberta ou a cabo (a lei antiga permitia que uma pessoa seja dona de 24) e até 24 licenças de radiodifusão por subscrição. E nenhum operador poderá superar uma área-limite de 35% do total da população do país. Por outro lado, uma empresa que controle um canal de TV aberta poderá administrar uma empresa de distribuição de TV a Cabo, numa mesma localidade. Igualmente, se impede que as companhias telefônicas prestem serviços de TV a Cabo.

Para neutralizar o cartel formado por apenas algumas empresas de famílias privilegiadas que dominavam praticamente todo o espectro, foi estabelecida uma série de travas, pelas quais se proíbe a transferência da propriedade das licenças de concessão do estado para sinais de radiodifusão, ou seja, de rádio e TV (aberta ou por cabo). Até ali, as licenças, uma propriedade do Estado, eram comercializadas sem qualquer tipo de limitação.

Por sua vez, o prazo das licenças foi reduzido de 20 para 10 anos, podendo ser renovado uma única vez, por outro período de 10 anos. Um sistema de monitoramento conduzido pelo órgão competente, a Autoridade Federal da Comunicação Audivisual (AFCSA) prevê a fiscalização semestral de cada concessionário, ficando este sujeito inclusive à perda da licença em caso de descumprimento das novas normas.

A comunicação de massa deixa também de ser apenas um negócio para exercer, como define o artigo segundo, "uma atividade de interesse público, de caráter fundamental para o desenvolvimento sócio-cultural da população pelo que se exterioriza o direito humano inalienável de expressar, receber, difundir e investigar informações, ideias e opiniões".

Outro objetivo da lei é "a promoção e garantia do exercício do direito de toda pessoa investigar, procurar, receber e difundir informações, opiniões e ideias, sem censura, dentro do respeito ao Estado de Direito democrático e dos direitos humanos (Artigo 3º)". Para isso, impõe níveis mínimos da difusão de 70% de produção nacional, 30% de música nacional e 50% de música produzida de forma independente, regulamentando assim a publicidade.

Pouco depois de entrar em vigor, a lei foi parcialmente embargada por uma sucessão de liminares na justiça, requeridas pelo Grupo Clarín e que sustaram, por quatro anos, a vigência dos quatro principais artigos: o 41, que proíbe a transferência de licenças; o 45, limitando o número de concessões a 24 no país e a 35% o alcance da audiência, o 48, que desconsidera a figura do direito adquirido sobre as licenças; e o 161, que dá prazo de um ano para as empresas se desfazerem dos excessos de licenças e enquadrar-se nas novas exigências.

As sucessivas medidas liminares obtidas pelo Grupo Clarín, detentor de 237 licenças de TV por assinatura, quando o limite máximo estabelecido pela nova lei é de 24, e presta serviços desse tipo de TV a 58% da população, quando o máximo permitido de abrangência populacional é de 35%, revelou o grau de comprometimento da justiça argentina com o poder econômico.

Por que isso ocorre? Um anacronismo legal dá a um juiz de segunda instância o incomensurável poder de, a seu bel prazer, impedir a vigência de uma lei, não apenas aprovada com grande maioria, pelas duas casas do Congresso e sancionada pelo poder executivo, como também avalizada por importantes segmentos da população.

Disso se valeu, o poderoso Clarín, apoiado pelos grandes grupos financeiros, inclusive o agronegócio, e exercendo seu oligopólio da informação, para achacar, intimidar e subornar juízes, bem à semelhança do que faziam com os militares na época da ditadura. O resultado foi a procrastinação indefinida dos principais itens da lei.

Arrostando todos estes entraves, o governo não deixou se intimidar e fez uma campanha massiva de denúncias do envolvimento da justiça, que acabou pressionando a Suprema Corte a se pronunciar e declarar constitucional a lei, mas somente quatro anos após sancionada.

Ao mesmo tempo, o governo, seguindo a lei, tratou de implementar uma série de melhorias para todo o setor audiovisual, incluindo cinema, rádios e TVs comunitárias, incentivo à produção local etc. Nos quatro anos de vigência, a lei propiciou a criação de cerca de 100 mil empregos no setor, 50 canais de TVs universitárias, 56 rádios por parte das comunidades originárias (indígenas), a rede pública de TV Digital e a TV Pública.

No total, a Autoridade Federal de Serviços de Comunicação Audiovisual (AFSCA) anuncia ter propiciado a instalação de cerca de mil novas emissoras de rádio e TV, nos setores público, estatal e privado, incluindo universidades, destacando-se entre as beneficiadas as cooperativas, as rádios comunitárias e os povos originários.

A implantação da TV Digital, com a multiplicação das estações receptoras em todo o território, inclusive regiões nunca antes alcançadas pelo sinal de TV, objeto de um capítulo específico deste livro (p. 169), é outro avanço proporcionado pela lei 26.522.

No meio dessa dinâmica, a Suprema Corte do país surpreende e decide declarar a constitucionalidade integral da lei 26.522. Isto se deu no dia 29 de outubro de 2013, poucos dias depois das eleições parciais para o Parlamento, em que o governo sofreu pesada derrota, ainda que tenha conservado sua maioria na Câmara e Senado.

Com a medida, ficaram valendo e tendo força de lei, ainda que formalmente e não na prática, como se verificou, os artigos 41, 45, 48 e

161, questionados pelo Clarín. Este complexo empresarial, juntamente, com outros 21 grupos de comunicação, teriam de vender ou transferir seus ativos, incluindo licenças de concessão, edifícios e equipamentos. Só o Clarín teria de se desvencilhar de 200 licenças de TV aberta e a cabo e de rádio, que tem espalhados por toda a Argentina.

O Grupo Clarín reagiu à sentença da Corte, alegando ser "esta uma decisão forçada pelas circunstâncias". Mas, sustentou que "não interromperia as ações judiciais que vem promovendo para defender seus direitos". Assim rezava a lei e assim determinava a Suprema Corte, mas as travas continuariam, na prática, pelos insondáveis mistérios judiciais.

Sem mais poder recorrer, o grupo disse ter acatado a sentença e apresentou um plano de adequação voluntária à norma legal perante a justiça e a AFSCA, embora anunciasse sua disposição de continuar questionando a lei em todos os foros possíveis, inclusive os tribunais internacionais.

O presidente da AFSCA, Martín Sabbatella, aceitou, em princípio, a opção do grupo de separar suas licenças audiovisuais em seis diferentes unidades empresariais, cada uma delas respeitando os limites do artigo 45 da Lei de Medios. Mas aquilo tudo era só para inglês ver, porque a situação continuaria exatamente no mesmo ponto, até que Cristina Kirchner perde a eleição e se elege seu opositor Maurício Macri, longamente cevado nos laboratórios do Clarín.

XXIV
O desmanche da Lei da Mídia

Era uma luta árdua, que iria resultar em embates ainda mais encarniçados, porque afinal, a Lei da Mídia estava lidando com algo muito poderoso, envolvendo o delicado processo da informação, a base de sustento do poder dos oligopólios, que vêm dominando o mundo, desde sempre.

Assim é que, bastou Cristina Kirchner retirar-se do governo, à noite de 9 de dezembro de 2015 (a justiça cassou-lhe as horas iniciais do dia 10, de zero às 12 horas, como forma de evitar que ela passasse o bastão ao sucessor, na sessão respectiva do Congresso), para que Maurício Macri botasse abaixo quase todo aquele esforço pioneiro de democratização da mídia.

E o fez, não através de lei, como procedera, paciente e democraticamente, Cristina, mas pelo método discricionário do decreto e sem qualquer diálogo ou notificação à sociedade civil, a qual havia tanto se engajado na elaboração do marco legal. E, neste propósito, atropelou e violou a constituição, o Congresso e a própria justiça. Aproveitando o longo recesso regulamentar da Câmara e do Senado, que se estenderia, daquele mesmo dia 10 de dezembro de 2015 até o mês de março de 2016, o novo presidente começou o desmonte, fazendo uma intervenção na AFSCA, Autoridade Federal de Servicios de Comunicação Audiovisual. Com aquela medida ilegal e discricionária, sob todos os pontos de vista, Macri atingia o coração da Lei de Mídia. É que a AFSCA, era a agência reguladora, integrada por membros do governo da oposição e da sociedade civil e tendo como função fiscalizar a aplicação da lei. No mesmo ato, destituiu todos os seus integrantes, cujos mandatos iam até 2017.

Se tal medida tivesse sido adotada no governo Cristina, teria sido logo objeto de uma cautelar determinando sua imediata revogação e uma onda de protestos e os indefectíveis linchamentos midiáticos. Mas os tempos eram outros e Macri era o presidente, justamente, respaldado por aqueles poderes reais, à frente os grupos de comunicação, que lhe blindariam, permanentemente, tanto do ponto de vista midiático quanto judicial. Naquele ato, o presidente ainda transferiu para o governo o controle das decisões regulatórias da mídia, que tinham sido atribuídas à AFSCA, órgão colegiado, com o mandato de seus membros não coincidentes com os dos presidentes da República, de forma a evitar as influências e os humores dos governos de plantão.

Os conselheiros da AFSCA ainda tentaram resistir, ocupando o prédio, que foi cercado pela polícia. Eram liderados pelo diretor do órgão, Martín Sabbatella, detentor de mandato até o fim de 2017, como muitos de seus colegas conselheiros, mas que tinha sido destituído por decreto. De acordo com a Lei da Mídia, a demissão de um membro da AFSCA tinha de ser aprovada por dois terços do Conselho Federal de Comunicação Audivisual (CFCA).

Em 30 de dezembro, em outro decreto, Macri dissolve o CFCA e a Agência Federal de Comunicações, criando, em seu lugar, o Ente Nacional de Comunicações, integrado por funcionários, totalmente, dependentes do governo.

O último ataque foi desfechado com o decreto de 04 de janeiro de 2016. Segundo André Pasti, do Intervozes e autor do artigo publicado pelo site da revista Carta Capital, "Lei de Meios argentina sofre desmonte autoritário com governo Macri", a nova norma modificou profundamente o conteúdo da Lei de Meios. "Alterações no texto reduziram os mecanismos de combate à concentração, flexibilizando os limites de propriedade, ampliando a quantidade de licenças permitidas para cada empresa e acabando com a principal restrição à monopolização no setor: o alcance de, no máximo, 35% da população por um mesmo grupo midiático", disse o jornalista.

Os argumentos de Macri e seu pessoal eram sempre os mesmos, como, por exemplo, reivindicava o chefe de gabinete Marcos Peña: "É necessário acabar com os limites à concentração de propriedade dos meios para garantir mais investimentos e mais concorrência". Só que, como ressalta André Pasti, "a tendência é exatamente a oposta: num mercado desregulado, como quer Macri, os oligopólios ganham força e a concorrência diminui".

Já Cristina acha que poderia ter proposto uma lei mais abrangente, incindindo sobre outros aspectos da economia. "A Lei da Mídia se transformou numa batalha decisiva, mas não conseguiu avançar sobre o tema do monopólio", confessou ela, três anos depois, no livro *Sinceramente*, acrescentando: "É certo que o Partido Judicial (como ela chama a articulação midiática-judicial) o impediu, porém, acredito que poderíamos ter ido mais a fundo, com a defesa da concorrência, aplicando uma lei anti-monopólio, como têm outros países. Essa lei deveria também ter funcionado, não apenas para os meios de comunicação, como também para abordar outra questão central para os argentinos: a formação dos preços da economia e seu impacto – é um dos componentes estruturais – no problema da inflação".

Mas ela também adverte para "o fator Clarín" na Argentina, o qual, insiste, "nos transforma em um país anômalo por completo". "Sua centralidade no cenário da política nacional", acrescenta, "ficou claro, uma vez mais, quando, a poucos dias de haver assumido o governo de Cambiemos, Macri assinou o decreto (DNU) 267/2015, através do qual anula os artigos da Lei da Mídia que desagradavam ao Clarín e que nunca puderam viger, por ter sido objeto de medidas cautelares".

Ressalta ainda que "o círculo de favores fechou-se, em dezembro de 2017, quando o Ente Nacional de Comunicações (Enacom) aprovou a fusão da Telecóm com a Cablevisión, dando ao Clarín a possibilidade de fornecer o serviço quádruplo-play: a combinação de telefonia fixa e móvel, internet de banda larga – onde já controlavam 60% do mercado – e televisão.

– É uma coisa estranha, um fenômeno impressionante, o de Clarín. Não há nenhum país no mundo onde um empresário tenha o poder que tem Magnetto (Hector). Nos Estados Unidos, por exemplo, deram uma multa de nove bilhões de dólares ao HSBC e algo semelhante ocorreu com o Bill Gates.

Finalmente, Cristina se indaga, em suas longas reflexões no *Siceramente*:

Foi uma batalha perdida a Lei da Mídia? Não, de jeito nenhum. Hoje, sabemos muito mais o que estamos lendo quando lemos *Clarín*, *La Nación*, *Página 12* ou *Tiempo Argentino*[26]. além disso, o precursor, como em tantas outras coisas e sem necessidade de lei, se chamou Néstor Kirchner, quando, com duas palavras, sintetizou o que os argentinos e as argentinas já sabem: "*Clarín* mente".

[26] *Página 12* e *Tempo Argentino* são jornais de esquerda e *Clarín* e *La Nación*, de direita.

XXV
O autoritarismo de Macri

Bastaram quatro dias de governo para que se dissolvesse o verniz democrático e legalista vocalizado pelo candidato vitorioso em campanha. No dia 19 de dezembro de 2015, o presidente Maurício Macri, atropelando a constituição, as leis e todos os ritos judiciais, nomeia dois ministros da Suprema Corte, Carlos Rosenkrantz e Horacio Rosatti, por decreto. A ilegalidade de ato que depende de aprovação de dois terços do Senado não se sustentou por muito tempo, por causa da grita geral. Como estava chegando, ele teve força para cooptar senadores e efetivar, desta vez legalmente, as ditas nomeações, com o fim do recesso do Congresso, em março.

Ali, no entanto, já se via o dedo do Grupo Clarín, principal esteio do novo governante, que avançava para obter o controle total da justiça. Um dos ministros, Rosenkrantz, dali a pouco, em primeiro de outubro de 2018, se tornava presidente da Corte, derrubando, numa eleição interna entre os cinco ministros pares, por 4x1, o presidente Ricardo Lorenzetti, que ainda tinha dois meses de mandato, com término em 31 de dezembro de 2018. Rosenkrantz vinha em clara missão (tinha sido advogado do *Clarín* e do *La Nación*), para suprimir qualquer resquício do antigo governo popular.

Seu açodamento, em levar a Corte a assinar, por 2x1, a sentença liberando os genocidas da ditadura da prisão logo se enfrentaria com um levantamento popular que sensibilizaria a maioria da Câmara dos Deputados a restabelecer as punições legais. Ali, também, as maiorias sociais, mais mobilizadas que nunca, avisavam que a blindagem do Clarín tinha seus limites, ou seu piso, no dizer de Carlos Tomada, ex--ministro do Trabalho nos três governos Kirchner.

Com efeito e com o tempo, Macri foi tendo que abandonar muitas das suas reformas neoliberais, como a trabalhista e a tributária, que teve de retirar da pauta do Parlamento, sob pena de submeter-se, mais uma vez, a uma rua cada vez mais furiosa, bem ao estilo contundente dos argentinos, tantas vezes provado nas lutas contra os pacotes econômicos de governos, tanto militares como civis.

Pessoalmente, no entanto, o presidente se dava muito bem, porque a massa não havia conseguido revogar seus constantes tarifaços, que beneficiaram sobremaneira a ele próprio e aos amigos de multinacionais que havia instalado nos principais ministérios e órgãos governamentais. Os reajustes de tarifas do gás, água e eletricidade foram em média de 700%, com alguns ultrapassando 4.000% – algo, absolutamente, desproporcional e até inédito, em termos de ajuste econômico. Toda esta lambança só poderia terminar como terminou: na desabalada inflacionária, em máxis desvalorizações do peso, na multiplicação dos juros, tudo redundando no desastre de 2018, que forçou o país a novamente cair nas garras do FMI.

Até aquele ano, a propaganda e a blindagem midiática conseguiram anestesiar a população, que queria fechar os olhos à possibilidade de uma nova debacle e fazia de tudo para confiar no governo. E foi tal essa confiança, que Macri obteve uma vitória arrasadora nas eleições de meio termo, realizadas em outubro de 2017 (parte do Parlamento e dos governos estaduais).

Ele, consequentemente, se considerou "autorizado" a realizar as chamadas reformas estruturantes, ainda que o tema não tivesse sido abordado, nem na campanha de 2015 nem na de 2017. Entusiasmado, mandou as três de uma vez para o Congresso – previdenciária, trabalhista e tributária. As votações transcorreram, em clima tenso, na Câmara e no Senado, com repressão aos manifestantes, que cercaram o Congresso, e de cuja brutalidade não escaparam sequer jornalistas da mídia tradicional, também atingidos por bordoadas da polícia, enquanto outros foram presos. Junto à repressão de rua, Macri intimidou os deputados com ameaças de cortes de verbas para os governadores de seus estados, que resultariam, inclusive, em suspensão de pagamento do funcionalismo.

As pressões funcionaram, e o governo conseguiu aprovar a reforma da previdência, o primeiro item, que diminuía violentamente (3%, em 2018, e 8%, em 2019) as aposentadorias, pensões, bolsa família e até dos soldados feridos na guerra das Malvinas, fazendo um corte no orçamento de 72 bilhões de pesos ou 4,1 bi de dólares. Mas teve de suspender a tramitação dos outros itens – reforma trabalhista e tributária –, pelo receio de novas reações das ruas e dos sinais de agravamento da crise, que já se manifestavam claramente naquele dezembro de 2017.

Tanto, que tudo estourou, em 2018, e só foi aí que a maioria das pessoas se deu conta de que o governo que elegera, em 2015, era do mesmo molde que produzira os estampidos sociais, não só de 2001, como, o rodrigaço (1975), o cordobaço (1959) e tantos outros choques econômicos que abalaram a Argentina, desde a deposição do primeiro presidente nacionalista Hipólito Yirigoyen, em 1930.

Ex-ministro do Trabalho e por muitos anos consultor da OIT e da Unesco, da CGT e da Fundação Friedrich Ebert, Carlos Tomada explica que o sindicalismo é muito importante e tem seu peso no processo social: "Com seus erros e seus acertos, termina sendo o obstáculo principal a que não se haja podido instalar uma hegemonia neoliberal no país".

Recorda que, o governo Macri, a partir de 2015, representa a terceira grande tentativa conservadora, tendo sido a primeira, em 1955, que provocou a queda de Perón, a segunda, nos anos 90, com Menem. Insiste que o atual governo fez uma leitura equivocada da realidade: "Com a eleição de meio termo de 2017, eles acreditavam que tinham alcançado uma certa hegemonia absoluta no controle do senso comum da política em nosso país. Ganharam em quase todas as províncias, e, por isso, lançaram as reformas da previdência, trabalhista e tributária, todas ao mesmo tempo. Estavam convencidos de que elas iam passar no Congresso, sem problemas. Mas o que ocorreu foi que a reforma da previdência extrapolou alguns dos pisos civilizatórios mínimos, que, na Argentina, existem nos últimos 12 anos".

Ressalta que se trata do mesmo piso civilizatório que provocou uma impressionante mobilização, quando (em 2015) pretenderam atacar as políticas de memória, verdade e justiça, em suma, os direitos humanos; o mesmo piso que vem construindo a greve geral de 29 de maio de 2019 (a quarta no governo Macri), a gigante manifestação do dia das mulheres do último 8 de março. O próprio movimento *Ni Una a Menos* (Nem Uma a Menos), o movimento que mobiliza permanentemente as mulheres argentinas constitui, para o ex-ministro um outro piso civilizatório, que vai colocar a questão de equidade de gênero, como tema central inevitável no governo que vai surgir da eleição de 2019.

Seja como for, o fato concreto é que o governo Macri continua sustentado pelo poderoso *establishment* e fará de tudo para ganhar esta eleição, sem hesitar em recorrer aos métodos mais desesperados, como ocorreu com seu congênere brasileiro, apelou para as *fake news*, a facada no candidato e outros expedientes heterodoxos que definiram como eleito o capitão Jair Bolsonaro, a apenas uma semana do dia da votação. Só que há uma enorme diferença de cenários. No Brasil, o neoliberalismo que derrubou a presidenta Dilma Rousseff e colocou na prisão o ex-presidente Lula para que este não ganhasse, estava apenas começando. Na Argentina, o de Macri se desmantela por si próprio a cada dia, a ponto de tornar impossível a sua continuidade como presidente, ainda que seja reeleito. E isso sem falar na enorme capacidade mobilizadora da sociedade de nossos vizinhos.

XXVI
TV Digital e Internet

A Argentina é vista tradicionalmente como um país rico e opulento. Isto, porém, se visto apenas de Buenos Aires, a soberba capital. Se olharmos para o interior, as desigualdades, aumentadas pelas enormes distâncias e diferentes ecossistemas, oferecem um quadro desolador. Foi esta parte pobre e escondida que o modelo nacional de Néstor e Cristina procurou contemplar. Por isso, as estradas foram estendidas aos mais distantes rincões, assim como as novas escolas, universidades e hospitais. Doze universidades criadas nos últimos 13 anos preocuparam-se em desobrigar as populações interioranas a se deslocarem para a capital para estudar e conseguir atendimento médico. O mesmo aconteceu com o programa nacional de comunicação, que também descentralizou as transmissões e recepções de TV e rádio.

Nosso vizinho e adversário no futebol não ganhou a Copa do Mundo 2014, disputada no Brasil, de onde saiu vice-campeã. Mas jogou a final com a Alemanha tão bem e com tal zelo, que o povo encheu as ruas de Buenos Aires e das outras cidades, em celebração depois do jogo, na noite de 13 de julho, como se tivesse sido vitorioso. Ainda convalescente de uma de suas recaídas pelo problema da garganta, Cristina não pôde assistir à final no estádio do Maracanã. Ela, que também havia democratizado o futebol trazendo-o para a TV Pública e limitado a cobiça estrangeira em cima de seus jogadores, decidiu ir ao encontro deles e lhes disse, já no Aeroporto de Ezeiza:

"Foram uns verdadeiros leões; deram tudo de si", disse ela, depois de assinalar:

"Se ganha quando se joga em equipe, quando se perdem as individualidades; (vocês) deram o exemplo, voltaram a gerar valores e sentimentos esquecidos, longe do furor pelo êxito".

Muito se fala em democracia na comunicação, em termos teóricos ou políticos, mas quase ninguém se preocupa em fazer chegar a TV Digital ao povão, por exemplo. A feliz exceção parece vir novamente da Argentina, que, depois de tornar gratuitos os jogos de futebol, no sistema aberto e a cabo, implantaria, também, antes da Copa do Mundo, a TV Digital. Ela começou com a distribuição gratuita de 3 milhões de decodificadores às classes menos favorecidas, que também receberiam financiamento para comprar ou atualizar seus televisores.

O benefício não fica aí. O governo ainda se lançou a farta distribuição, a preços camaradas e assinatura gratuita, de decodificadores para as transmissões a cabo (parecidos com a aqueles da Sky, com antena e tudo), na implantação de seu sistema de comunicação. Tal sistema, liderado pela TV Pública, o Canal 7 (canal7.com.ar) incluiu outros canais de notícias, de esportes, educação, cinema, infantil, novelas etc.

Outra novidade, muito boa para nós, brasileiros, é que o sistema de TV Digital Argentina vai servir-se de nossa tecnologia, de origem japonesa, o ISDB-T, a ser também exportado para o Chile, Peru e Venezuela, que já fizeram sua opção em torno dele. Para quem não se lembra, o ISDB-T foi desenvolvido pelo Ministério das Comunicações, com o engajamento de nossas universidades e centros tecnológicos, a partir de uma iniciativa do então ministro Miro Teixeira (2002-3).

Os críticos da presidente Cristina Kirchner e de seu marido, o ex-presidente Néstor Kirchner, tal benefício, não seria tão benefício assim, porque, no fundo, representaria uma manobra para esvaziar o Grupo Clarín. Este grupo, como sabemos, domina a mídia daquele país, na base de um verdadeiro oligopólio (TV, rádio, internet e jornal). A alegação pode ter até um fundo de verdade, mas o fato é que os Kirchner podem passar à história como os primeiros governantes do mundo a fazer chegar a mídia ao povão, com futebol e tudo.

Eles já tinham marcado outro tento histórico, com a aprovação da nova Lei da Mídia, pelo Congresso, mas que se encontra, temporariamente, embargada pela justiça, por pressão justamente do ainda poderoso (até quando) Grupo Clarín, e a que já nos reportamos, anteriormente.

A notícia do *Último Segundo* é que "a Argentina avança na implantação do sistema digital no país, com o modelo ISDB-T, desenvolvido pelo Brasil a partir da tecnologia japonesa. Como parte de sua campanha eleitoral em 2011, a Casa Rosada tem um projeto para oferecer conversores, sinais e aparelhos de TV à classe mais pobre.

O início das transmissões se deu através das emissoras oficiais, Canal 7, Encuentro, Paka-Paka (infantil) e INCAA TV (cinema), com os sinais sendo emitidos pela empresa estatal de satélite ArSat. Mas a ideia do governo é ter um total de 15 a 20 estações radiodifusoras, segundo o presidente do diretório de Rádio e Televisão Argentina Sociedade do Estado (RTA), responsável implementação do sistema digital na Argentina.

A RTA distribuiu as antenas e o conversor – Set Top Box (STB) – a um milhão de beneficiários dos planos sociais do governo Kirchner. Os primeiros a receber o pacote foram os da capital federal e a área metropolitana de Buenos Aires que não possuem TV a cabo ou via satélite. Segundo um relatório elaborado pelo Grupo Convergência, o governo ia gastar 1,3 bilhão de pesos (cerca de US$ 335 milhões) para instalar uma rede de infraestrutura onde se encontra a base do sistema.

Fonte do Ministério do Planejamento disse que os primeiros decodificadores serão importados do Brasil. Os fabricantes nacionais lançaram uma versão que não agradou a Casa Rosada por causa do preço, ao redor de US$ 200. O ministro do Planejamento, Julio de Vido, pediu a redução desse valor, para US$ 100. A fonte não revelou o valor do aparelho importado do Brasil, mas cálculos do mercado indicam que custaria cerca de US$ 55.

O governo argentino pretende cobrir, nesta primeira etapa, 75% do território nacional ainda antes do fim de 2010. As eleições presidenciais estavam previstas para outubro de 2011, mas antes disso, a rede oficial pode chegar a 100% do País, o que demandaria investimentos de mais 400 milhões de pesos (US$ 103 milhões).

XXVII
O 678 e o rebate à desinformação

A MÍDIA ESTATAL NA ÉPOCA DE NÉSTOR E CRISTINA TOMOU A PULSO A defesa do governo contra o bombardeio que lhe era despejado diuturnamente pelos onipresentes meios privados de comunicação. Já tivemos ocasião de falar das ações da Presidenta neste campo, desde o uso intensivo do Twitter e das redes sociais à convocação de cadeias nacionais.

Chegou a hora de nos determos sobre a comunicação oficial, tradicionalmente, morosa e descoordenada, mas que, no caso argentino, revelou-se lépida e concertada. Constituída da TV Pública, o Canal 7, a Televisão Digital Aberta (TDA), a Agência de Notícias Télam e a Rádio Nacional, junto com outras redes de TV e rádio e jornais alinhados, a mídia-pró-governo, porém, mal chegava a alcançar 10% da audiência nacional. Os restantes 90% eram e tendem a continuar por muito tempo, geridas segundo os interesses dos grandes monopólios privados de comunicação, na maior parte dependentes e tutelados de fora do país.

Entretanto, o uso massivo desses parcos 10%, reforçados pela ação destemida de uma presidenta empreendedora, que trabalhava a mil por hora, e o auxílio de uma militância muito organizada, foram decisivas na desmontagem de muitas arremetidas midiáticas.

Um dos pontas-de-lança da estratégia de Cristina era o 678, programa da TV Pública, cujas reportagens e análises demoliram muitas manchetes do monopólio Clarín e suas respectivas redes hegemônicas, o Canal 13 (TV aberta), e a TN, Todo Noticias (cabo) e do jornal agregado, o *La Nación*, que já havia sido líder da opinião em época anterior.

As incursões do 678 nos meios hegemônicos ainda obtiveram intensa repercussão, nos próprios veículos corporativos, que se viram obrigados a noticiar suas respostas, a ponto de o programa ter se transformado num eficiente mecanismo de geração de fatos políticos.

Sua dinâmica em rebater com contundência e eficácia os ataques ao governo compreendia um misto de reportagens investigativas, análises, debates, entrevistas, intercalados por canções libertárias e quadros de humor. Era transmitido durante uma hora (às vezes se estendia mais) pelo Canal 7, a partir das 21 horas. Sua regularidade era de quatro a cinco vezes por semana, dependendo do clima político e das transmissões de futebol, uma exclusividade da rede estatal, que tinham o privilégio de avançar sobre qualquer horário. O programa também era postado, nas redes sociais.

Centrava-se em revidar, com fatos concretos e também humor e descontração, o copioso e inesgotável material crítico produzido pela mídia corporativa. Tendo como slogan fazer "a crítica do poder real" e "mostrar o mundo que te ocultam", o 678 desnudou muitas notícias cavilosas do *Clarín* e do *La Nación*.

Tratava-se de um caudal de insinuações, boatos, futricas ou simples invenções que procuravam, na maioria das vezes, desprestigiar, intimidar e desmoralizar a presidenta, seus familiares e ministros. A eles eram atribuídos diretamente todos os malfeitos do governo, a alta da inflação, o aumento do dólar, as quedas de energia e a violência urbana. Nesse contexto, ainda estimulavam e potenciavam, com sua cobertura ubíqua, greves gerais, manifestações e cortes de rua, hostilidades pessoais a membros ou aliados do governo, além de acobertar e às vezes até espetacularizar atentados a trens interurbanos e saques a lojas e supermercados.

Constituía toda uma estratégia objetivando disseminar o medo e a insatisfação e incitar o ódio na população. Uma das ofensivas midiáticas que mais sobressaltou o meio político foi a publicada, em 31 de março de 2015, com grande estardalhaço pelo *Clarín*, com repique no Brasil, adotando o mesmo teor espetaculoso, na edição respectiva da revista Veja. A peça denunciava que Máximo Kirchner, o filho primogênito de Cristina e Néstor, de 38 anos, mantinha uma conta secreta nos Estados Unidos, tendo como co-titular, a embaixadora da Argentina na OEA, e aliada de Cristina, Nilda Carré. O propósito da conta, segundo o *Clarín*, era acobertar operações secretas com o Irã e a Venezuela.

Violando as normas mais elementares do jornalismo, que exigem citar procedência da informação e usar o verbo na voz afirmativa e não na condicional, a manchete do *Clarín*, de 31/03/15, dizia: "Máximo Kirchner seria co-titular, junto de duas contas secretas".

O texto começava com outras impropriedades jornalísticas gritantes; "Segundo fontes bancárias e documentos (que não especificou), ambos (correntistas) controlariam uma conta no Banco Felton dos Estados Unidos, com 61 milhões de dólares e outra no Morval Bank, das Ilhas Caymán, com 19 milhões de dólares.

Para dar foros de verdade a seu arremedo, o material citava detalhes, aparentemente, precisos, como o montante do dinheiro depositado (41 milhões de dólares) e até o número da conta (00049852398325985), como se ufanavam os jornalistas Daniel Santoro, do *Clarín*, e Leonardo Coutinho, da Veja, autores das respectivas versões nacionais da publicação.

O objetivo das contas secretas, segundo eles sentenciavam, era proteger e acobertar os iranianos que a mídia apontava (sem qualquer tipo de comprovação) como responsáveis pelos atentados à sede da associação israelita AMIA, em 1994, que deixou 85 mortos.

"A denúncia da sociedade Veja-Clarín buscava atar ao mesmo tempo um suposto esquema de corrupção milionária com a morte do promotor Alberto Nisman, que comoveu a Argentina em janeiro, com a figura de Hugo Chávez e com o Irã", como relata o jornalista Marcelo Justo, do site brasileiro Carta Maior[27].

---

[27] Link para a reportagem de Marcelo Justo em Carta Maior: http://cartamaior.com.br/?/Editoria/Internacional/Revista-Veja-e-desmascarada-mais-uma-vez/6/33252

"Veja citou testemunhos de supostos ex-agentes do governo venezuelano que deram maior contorno à denúncia", continua Marcelo Justo, "falando de uma relação íntima entre Garré e o ex-presidente Chávez que daria vergonha a "50 Tons de Cinza", e cujos êxtases "podiam ser ouvidos de longe".

Como era de praxe, as falsas reportagens que causaram sensação, inclusive erótica, pelos detalhes de alcova envolvendo um presidente da República (Hugo Chávez) e uma embaixadora (na época, Carré tinha representado a Argentina em Caracas), repicaram prontamente nos jornais e *talk shows* do rádio e da TV, muito populares na Argentina. Também alcançavam imensa repercussão internacional, porque veiculadas, naquilo que a presidenta chama de "cadeia nacional do ódio, do desânimo e do ocultamento a *full*", ou seja 24 horas por dia.

À frente o 678, a operação governamental, reunindo todos os seus meios de comunicação, conseguiu esvaziar a intriga desde sua aparição, dada a evidente falta de provas, mas só veio a produzir resultados concretos depois de dois meses de intenso trabalho, quando chegou a uma conclusão palmar: a reportagem da associação Clarín-Veja resultou numa falsificação grosseira, como nunca visto na história da mídia hegemônica.

Seus dados foram formalmente desmentidos tanto pelos Bancos Felton, de Delaware, (EUA), como do Morval, de Caymán, e todos os registros públicos desses paraísos fiscais, que também desconheceram o falso número de uma das contas relacionada nas reportagens, o 00049852398325985.

As evidências demonstrando a falsidade do material daqueles dois órgãos líderes da imprensa argentina e brasileira, puxadas pelo 678 e outros jornais e sites governistas da Argentina, obrigaram o *Clarín*, a Veja e o resto da cadeia privada a sustar aquele noticiário.

Ambas as publicações, *Clarín* e Veja, contudo, se recusaram a dar qualquer explicação pela descontinuidade do material, assim como admitir a sua falsidade. Detalhe: nenhum outro veículo da grande mídia, inclusive redes de TV e rádio, que abriram gordos espaços à falsa notícia, dignou-se a reportar a revelação do que pode ter sido aquela história. Imperou o silêncio absoluto, como soe ocorrer sempre que um veículo midiático é flagrado numa irregularidade.

Mas nada era fruto do acaso naquele embuste. Prestava-se a contrapor-se à perplexidade criada com as conclusões da investigação sobre a atividade em vida do procurador Alberto Nisman, muito bem ocultada pela mídia, que o projetava como modelo de probidade e honradez pessoal.

Com efeito, as revelações das aventuras pessoais e operações secretas do procurador, produzidas pela Justiça, que investigou as circunstâncias misteriosas de sua morte, ocorrida em seu apartamento de Buenos Aires, em 15 de janeiro de 2015, produziram grande impacto.

A população se sentiu atraiçoada. Quase que tangida pela mídia corporativa, tal o seu poder de mobilização instantânea, a população ganhou as ruas das principais cidades, em manifestações-monstro, numa "Marcha do Silêncio", alcançando 400 mil pessoas em Buenos Aires e 200 mil em Mar Del Plata, Rosário Santa Fé e Córdoba. Houve outros atos públicos esporádicos em diversas capitais do mundo como Nova York, Paris, Madri, Berlim, Londres, e até na Austrália, o que dava uma dimensão globalizante ao que acabou sendo o suposto protesto.

"Sob uma chuva torrencial, em alguns momentos", como proclamou o *Clarín*, muitos traziam no peito estampada na camiseta ou nos cartazes a frase traduzida do francês e utilizada em rechaço ao atentado ao semanário Charlea Hebdo, ocorrido dias antes em Paris: "Je suis Nisman" ou "Yo soy Nisman". Já *O Globo* brasileiro (site, 18/02/15, 19h05) dizia que, em Washington, "o governo americano monitorava a marcha" e "manifestava preocupação com os destinos das instituições platinas.

Afinal a mídia o havia sacralizado como herói nacional, além de ter insinuado que a presidenta o teria mandado matar. A marcha, convocada por promotores colegas de Alberto Nisman, muitos deles, como se verificou depois, como envolvidos em processos de obstrução da justiça e acobertamento de crimes, inclusive do atentado à AMIA.

A tal "Marcha do Silêncio" pressupunha, como proclamavam seus promotores, uma manifestação apartidária e com o objetivo de apenas homenagear Nisman, que, naquele dia, lembrando o 30º dia de seu desaparecimento. No entanto, enormes cartazes, devidamente enfatizados pela cobertura midiática, continham dizeres do tipo "Cristina, assassina" e "Cristina, não se meta com a República".

A reportagem do *Clarín* (site, de 18 de fevereiro de 2015, dava a ideia do delírio que tinha sido levado às massas: "Marcelo, que veio especialmente de La Plata para participar da mobilização com um cartaz estampando "CFK Assassina", completou: "Estou indignado porque não se pode admitir o que aconteceu com Nisman numa democracia. Oxalá isto nunca mais se repita".

A verdade factual, no entanto, rasgava toda aquela fantasia: Nisman, como ficou comprovado pela farta documentação da justiça, tinha se apropriado, indevidamente, de fundos públicos destinados à causa das vítimas do atentado à AMIA, numa promotoria criada especialmente para ele, e que estavam sob seus cuidados.

Também investiu em propriedades de luxo no Uruguai e mantinha contas secretas nos Estados Unidos. O que mais chocou a opinião pública foi que ele se apropriou de parte dos salários recebidos pelos seus funcionários e funcionárias imediatos. Também fazia orgias em pontos turísticos do México com secretárias e amigas, com as despesas pagas pela procuradoria.

Outro foco das reportagens Clarín-Veja era dinamitar o prestígio de Máximo Kirchner, que vinha crescendo com a atuação das organizações juvenis agrupadas em La Câmpora, numa fase prévia à campanha eleitoral. O tiro, neste caso, acabou também saindo pela culatra, porque Máximo, que mantinha um *low profile*, resolveu aparecer e tomar a frente da reação às falsificações.

As investigações do 678 foram igualmente cruciais na desmontagem de outra aleivosia do *Clarín*, quando acusou o ministro da economia Axel

Kiciloff de receber um salário paralelo de 400 mil pesos, na qualidade de integrante do conselho diretor da estatal do petróleo YPF, cargo que ele acumulava como ministro.

Os programas de *talk show* repercutiram *ad nauseam* a "notícia", a qual, como a da conta bancária de Máximo Kirchner e muitas outras calúnias, serviram de motivo para insinuações maliciosas. Um deles, da Rádio Mitre, um dos mais de 200 canais radiofônicos do mesmo Grupo Clarín, chegou a dizer que os honorários de Kiciloff, perfaziam uma média de 13 mil pesos por dia.

A *barriga* não durou muito tempo, porque o ministro, por orientação da presidenta, se lançou a uma série de entrevistas para provar, com base numa ata do diretório da YPF, que havia renunciado aos honorários como diretor da empresa, desde o dia para o qual fora nomeado, havia cerca de três anos.

Na entrevista com o 678, Kiciloff, mostrou que a mesma ata havia sido antes reportada numa edição anterior do *Clarín*.

A falsa notícia do *Clarín*, que visava, ao mesmo tempo, atropelar os projetos políticos do ministro e desmoralizá-lo no momento em que ele encaminhava as negociações de reajuste salarial dos trabalhadores, encontrou pela frente a própria presidenta Cristina Kirchner, que decidiu assumir, pessoalmente, a defesa de seu ministro.

Em diversas entrevistas e pronunciamentos, Cristina expôs a questão, naquele seu estilo irônico e, ao mesmo tempo, peremptório:

"Esta manhã, uma cadeia nacional da República Argentina, mas, diferentemente, desta cadeia nacional, a cadeia nacional da mentira e da difamação. Na capa do *Clarín* disse que o ministro da economia recebia 400 mil pesos. Desde as 5 da manhã até as 19h20 que o dr. Axel Kiciloff saiu a desmentir essa infâmia, houve cadeia nacional em todas as rádios e TVs, mentindo, mentindo e mentindo. E por que atacam o ministro da Economia? Porque não podem comprá-lo. Se fosse um ministro comprável, não receberia nenhum ataque".

Cristina se referia às incestuosas relações dos ministros de economia (Martínez de Oz) da ditadura e outros da fase neoliberal

(Domingo Cavallo), que promoveram verdadeiros saques na economia com seus planos de reajuste fiscal, inspirados pelo FMI. Foram esses mesmos ministros que facilitaram a ascensão vertiginosa do grupo ao topo da comunicação, com o favorecimento que lhe propiciaram nas privatizações, não só dos canais de TV e rádios do governo, como também de setores-chave nas telecomunicações, mineração, petróleo, aviação etc.

Tal material, difundido de forma massiva e espetaculosa, é repetido *ad infinitum* por toda a cadeia informativa, com reverberações inclusive extracontinentais. Sem permitir espaço para a defesa dos atingidos, a mídia hegemônica destila em suas emissões um viés negativo e na maioria das vezes hostil às obras e às autoridades nacionais, legitimamente eleitas. Seu conteúdo consiste em notícias e comentários nos jornais, rádio e TVs. E vêm em forma, não apenas de notícias, comentários ou entrevistas, mas também de insinuações desairosas na boca de personagens de *talk shows*, telenovelas, futebol e programas de humor, abarcando praticamente toda a programação. Eivado de inverdades e distorção dos fatos, tal conteúdo é marcadamente opinativo e com exortações ao escracho e à ridicularização dos membros do governo.

Valem-se de rumores ou indícios, quando não de simples invencionices, como veremos adiante, para desacreditar as obras e as medidas governamentais e tisnar reputações de membros da administração, fazer previsões alarmistas sobre a economia, e, até de incitação a greves e ações violentas. Tais ações muitas vezes resultam em atos vandálicos, como saques a lojas e supermercados, ataques à rede elétrica, atrasos no metrô e desastres de trem.

Como o alcance da mídia é muito vasto, abrangendo cerca de 90% do país, uma especulação sobre a compra de dólares ou aumento dos índices de inflação, por exemplo, pode traduzir-se em passagem segura para o desabamento da bolsa ou uma corrida bancária.

Já o incitamento à baderna ao divulgar massivamente e mesmo estimular sabotagens por parte de ferroviários, para citar apenas um caso, pode redundar num acidente de trem, causando muitas vítimas (ver o caso da Tragédia de Onze). O propósito, mal dissimulado, é responsabilizar o governo de eventuais desastres e interrupção de serviços essenciais decorrentes dessas ações, desacreditando-o ou desmoralizando-o, de forma a criar um quadro de instabilidade.

Para rebater o que chama de "cadeia nacional do desânimo e do medo", a presidenta instrumentou a TV Pública para defender e explicar as ações de governo. Os desmentidos e versões do governo são geralmente desconsiderados quando não ridicularizados, enquanto o direito de resposta acaba virando uma ficção. Habituado a demolir reputações, desacreditar e estigmatizar ações governamentais, enfraquecer e derrubar presidentes, os meios de comunicação hegemônicos se viram de repente questionados.

Neste aspecto, o 678 funcionou como uma das ferramentas da rede governamental para responder, de forma leve e bem humorada, mas com contundência, às principais investidas midiáticas.

A partir de documentação, textos, vídeos e fotos, elaborados por uma equipe de repórteres investigativos, escritores e politólogos, o 678 (seu título faz alusão à sua equipe inicial, em 2009, que era constituída de seis pessoas, de ser transmitido pelo Canal 7, e de começar às oito da noite).

Sua audiência era baixa, situando-se entre 2,8%, segundo o Ibope, e 9%, segundo o Sifema, índice do governo, mas conseguia impactar e gerar fatos, além de instrumentar a militância governista. Mas sua influência junto ao público era tal, no meio político e jornalístico, que os comentaristas do *Clarín* e do *La Nación*, onde estão concentrados os meios de comunicação privados, costumavam interpelar de público os candidatos presidenciais, na campanha de 2015, se ia permitir a continuidade do programa na TV Pública, no caso de eleitos.

XXVIII
A saúde de Cristina

Um dos tabus que Cristina atropelou na Argentina foi o *frisson* em torno de seu estado de saúde, objeto de intermitentes internações hospitalares, ao longo de seus dois mandatos, e, consequentemente, do acionar de boatos os mais macabros. Como sobreviveu a todos eles sem maiores transtornos, até a edição deste livro, suas baixas e altas hospitalares acabaram se incorporando à rotina da política, sem afetar a moeda, a economia ou abalar a estabilidade do governo.

Houve alguns trantornos sérios, é verdade, que lançaram mais lenha na fogueira dos rumores. A morte repentina de Néstor Kirchner, em 12 de outubro de 2010, quando ela ainda não havia completado três anos do primeiro mandato, atiçou as ambições dos coveiros de plantão: Néstor empalmava a articulação política do governo, dentro e fora do Parlamento, e sem ele, Cristina estaria perdida, rezava uma das mais difundidas teorias.

A persistência de uma saúde frágil da presidenta, por sua vez, alimentaria nova onda de rumores devido às comparações até compreensíveis com a longa agonia que então passou a padecer Hugo Chávez, aliado e companheiro de jornada pela integração, a partir de 2011. Seu desenlace, em 5 de março de 2013, fatalmente reforçaria as previsões pessimistas sobre a saúde da presidenta. Mas como a vida sempre retoma seu rumo e a normalidade, Cristina foi se safando. Além do mais, o desaparecimento físico do presidente bolivariano não alterou o curso de suas reformas e de sua influência no continente. Seu sucessor designado, o vice-presidente e ex-chanceler Nicolás Maduro, seria eleito, logo em seguida, e assegurado a continuidade da agenda integracionista que havia marcado os 14 anos do governo Hugo Chávez, na Venezuela.

Na Argentina, a oposição tentou, inicialmente, capitalizar o desaparecimento do venezuelano, com o qual coincidiram novas locomoções hospitalares de Cristina, visando a debilitá-la moral e politicamente.

O histórico médico da presidenta, por sua vez, não parava de incitar os maus presságios. Houve o susto gerado por um diagnóstico equivocado acusando um tumor cancerígeno na tiroide de Cristina, quando a saúde de Chávez já definhava inexoravelmente. Os médicos obrigaram a presidenta a passar por uma operação, aparentemente, desnecessária, para remover aquela glândula, em janeiro de 2012.

Dessa vez, Cristina logo se restabeleceria, voltando à rotina pesada de sempre, enfrentando a marcação cerrada da mídia, desavenças internas de governo e do partido, articulação com a juventude, viagens, audiências, protocolos, inaugurações, redes nacionais.

Com o passar do tempo, porém, as forças golpistas, logo entenderam que não estavam lidando com uma viúva frágil e solitária, mas com uma guerreira disposta a ir até às últimas consequências para defender o legado kirchnerista, de que foi copartícipe. Com tal disposição, Cristina foi ocupando ainda mais espaço e na eleição para um segundo mandato, em outubro de 2011, obteria 54% dos votos, deixando na rabeira a retrógrada oposição e humilhando sua mais ferrenha detratora, a deputada Elisa Carrió, da Coalizão Cívica, que ficou com 1,8%, no último e quinto lugar. Cristina ainda colocou 37% à frente do segundo candidato, Hermes Binner, do Partido Socialista, que obteve 17% dos votos.

Como não confirmavam suas previsões catastrofistas, os rumores esvaneciam-se e as outras hospitalizações da chefa de Estado que se seguiram foram aos poucos se misturando ao ramerrão do dia a dia. A própria Cristina passou a ironizá-las, chamando-as de "férias". Não abriu mão, porém, em nenhuma dessas oportunidades, de intervir em questões chave, ainda que fosse do leito hospitalar.

– Bom, aqui estamos voltando de nossas "férias" anuais, porque (vocês) observaram que eu, ultimamente, tiro férias: 2012 foi no (Hospital) Austral, 2013 na (Clínica) Favaloro, e, agora, no (Sanatório[28]) Otamendi", dizia numa de suas reaparições públicas, em 25 de novembro de 2014.

Estima-se que Cristina teve sete crises de saúde nos primeiros sete anos de governo, abrangendo enfermidades variadas que a obrigavam a um recesso forçado, em casa ou nos hospitais. Os diagnósticos dessas crises variam desde uma insistente hipotermia ao estresse, mas cuja origem poderia ser resumida no excesso de trabalho, como costumava diagnosticar o marido. Néstor, outro irremediável *workaholic*.

Um paciente rebelde que desobedecia às ordens médicas e abandonava os hospitais antes da alta, Néstor não parava de preocupar-se com a saúde da mulher. Pouco antes de morrer, fez um apelo público, para que ela diminuísse o ritmo da atividade: "A Cristina está trabalhando demais", se queixava.

Fiel a um perfil hiperativo, a presidenta manteria um ritmo frenético, como demonstram seus twites redigidos altas horas da noite (ver capítulo específico), além, é claro, dos telefonemas a auxiliares e acessos à internet, depois de longa e tensa jornada de trabalho.

Não obstante ter passado pelo menos duas situações melindrosas. A primeira, 2012, com a cirurgia da tiroide, e a segunda, e mais preocupante, em 8 de outubro de 2013, quando padeceu uma intervenção intracraniana para a retirada de um hematoma provocado por um tombo em casa e que lhe valeu 30 dias de repouso obrigatório.

Quando falou das "férias" naquela sua primeira reaparição pública, em 25 de novembro de 2014, aos industriais reunidos na Câmara de Construção Argentina, Cristina vinha de uma convalescência de dez

[28] Na Argentina, o termo sanatório designa um hospital mais equipado e não tem muito a ver com a conotação no Brasil relativa ao tratamento de doenças mentais.

dias, depois da hospitalização de mais oito no Hospital Otamendi, durante a qual foi proibida pelos médicos de viajar ou dar expediente em palácio. Ao contrário de Néstor, Cristina procurava seguir fielmente as recomendações de repouso, que a impossibilitavam de comparecer a muitos eventos importantes, inclusive internacionais.

Um respiro desses decretos médicos permitir-lhe-ia viajar a Brasília, em 16 de julho de 2014, para um evento crucial ao seu modelo e ao projeto de integração do mundo emergente. Era a VI Cúpula dos BRICS (Brasil, Rússia, Índia, China e África do Sul) com a Unasul e os seus 11 presidentes sul-americanos. Já recuperada, mas ainda debilitada e usando lenço no pescoço, a presidenta aproveitaria aquela maratona de reuniões para encontros reservados e muito importantes com Dilma, Putin e Xi Jin Ping. Eu tive ocasião de ter um breve instante com a presidenta, quando lhe ofertei um exemplar de meu livro *Quem Tem medo de Hugo Chávez?*

Foi à saída do Hotel Meliá, depois que, naquele 16 de julho, ela recebeu uma homenagem dos movimentos sociais brasileiros e já estava no carro que a levaria ao encontro no Palácio do Planalto. Ela me pareceu muito pálida e, confesso, que temi por sua saúde.

A cúpula dos BRICS tinha se iniciado três dias antes, na cidade praiana de Fortaleza, capital de meu Estado natal, o Ceará, onde os presidentes dos cinco países membros bateram o martelo para a criação do Novo Banco de Desenvolvimento e de um Fundo Especial de 100 bilhões de dólares para projetos de infraestrutura nas respectivas nações.

Em novembro de 2014, uma nova recaída hospitalar levaria Cristina a faltar a importante encontro com sua colega brasileira Dilma Rousseff, que acabava de ser reeleita, presidenta numa disputa acirrada que quase mandou pelos ares a experiência popular, iniciada pelo presidente Lula, em 2002.

A ocasião seria igualmente importante, já que se daria em Brisbane, na Austrália, entre 15 e 16 de novembro de 2014, durante a reunião do G20, grupo dos 20 chefes de Estado mais importantes do mundo.

Cristina obedeceu às ordens médicas contrárias à aquela viagem longa e cansativa, mandando em seu lugar os ministros da Economia Axel Kiciloff e o do Exterior Hector Timerman.

Como tinha diálogo direto com Dilma, parece ter se entendido pelo telefone com a presidenta brasileira, que, por sua vez, se encontrava sob fogo cerrado de uma oposição, cujo caráter golpista ameaçava a saúde das instituições brasileiras, 30 anos depois do fim da ditadura. A chapa do candidato oposicionista Aécio Neves, do PSDB, e nome respaldado pelo *establishment* econômico-midiático, se recusava a absorver a derrota e ensaiava ganhar as ruas para pedir o seu *impeachment*.

Depois de Brisbane, Cristina esperava tirar o atraso de seus contatos com a presidenta brasileira na solenidade de posse de Dilma, no primeiro do ano de 2015. Estava naturalmente ansiosa para reencontrar a colega brasileira no clima ameno de Brasília, para onde acorreram outros presidentes progressistas, como Bachelet, Maduro, Pepe Mujica e Tabaré Vásquez, além do vice-presidente dos Estados Unidos, Joe Biden. A presidenta argentina, no entanto, foi novamente remetida a longo repouso de 20 dias.

Motivo: no Natal de 2014, um escorregão num piso deslizante de sua casa, em Rio Gallegos, província de Santa Cruz, provocaria uma fratura no tornozelo esquerdo, imobilizando-a numa cadeira de rodas. Outro encontro emblemático, desta vez com a presidenta do Chile, Michelle Bachelet, com o Papa Francisco, teve de ser suspenso pela segunda vez, por motivo de saúde. Prevista para o início de janeiro, a reunião, no Vaticano, era destinada a celebrar a passagem do 30º aniversário do acordo intermediado por João Paulo II que pôs fim às tensões em torno das ilhas do Canal de Beagle e que quase levaram os dois países vizinhos ao confronto militar.

Cristina é um tipo hiperativo que dificilmente vai levar uma vida pacata, dentro ou fora da presidência, a julgar pelo seu histórico de militante política engajada e viciada no trabalho. Sua rotina foi sempre muito carregada desde sua época de advogada e militante, em Santa Cruz, quando se envolvia intensamente na vida pública, nos negócios e nas polêmicas. Suas denúncias contra abusos militares, que lhe renderam ameaças e a tentativa de incêndio de seu escritório de advocacia, em Rio Gallegos, e depois sua atuação como deputada na Constituinte quando era obrigada a deslocar-se constantemente entre sua cidade, Buenos Aires e Santa Fé (sede da Constituinte), lhe tomaram algumas noites de sono e de tranquilidade.

Tudo indica, portanto, que vai continuar a ter essas recaídas ao longo da vida.

De tão resignados, os assessores e aliados encaram essas derrapadas, quando não graves, até como oportunidade para um descanso forçado, quando a presidenta se vê obrigada a respeitar, pois não se disporia a fazê-lo em situações normais.

É ilustrativo um balanço que fez o jornalista Jorge Lanata, seu detrator contumaz do Grupo Clarín, em que relata um período especialmente carregado de viagens e compromissos da presidenta, quando ela mal saía de uma convalescência. Ela mesma passou a troçar de suas ausências temporárias da Casa Rosada que a própria presidenta apelidaria de férias.

Os documentos secretos das embaixadas americanas divulgados pelo *Wikileaks*, a partir de..., foram certeiros em mostrar a sabujice dos governos, partidos, de oposição, jornalistas e diretores da mídia da maior parte do globo terrestre aos Estados Unidos. O fato não era desconhecido, particularmente para o mundo acadêmico e jornalístico que lida com a informação. Mas o *Wikileaks* como que massificou e potenciou a percepção da interferência americana e a anuência das autoridades locais de muitos países até tidos como desenvolvidos e respeitosos.

XXIX
O assédio para pagar os buitres

Nova York, 30 de julho de 2014, data-limite cravada por um juiz da cidade. Numa reunião com o mediador da justiça nova--iorquina, Dan Pollacko pagamento de USS 1,6 bi exigido pelos fundos e respaldado pelo juiz da comarca local Thomas Griesa. Havia oferecido pagar US$ 300 milhões, que era o montante que julgava justo e com base no acordo que antes fizera com 92,4% dos outros credores com quem entrou em acordo a partir de 2005.

Produziu-se um pandemônio midiático, só midiático, porque o resto do país manteve-se sem alteração da ordem, não se registrando um único tumulto de rua. As TVs, Rádios, Jornais e seus sites na internet, procurando criar um fato consumado, haviam antes induzido à percepção de que o governo poderia fazer um acordo com os fundos.

Esta postura gerou um certo suspense com o que poderia acontecer depois da decisão governamental. A presidenta recolheu-se a um silêncio de 24 horas. Enquanto isso, a mídia trombeteava o apocalipse e já decretava nas manchetes que o país estava em "*default* seletivo", fato que implicaria brutal recessão e desmantelo do país, à semelhança de 2001.

Ora, *default* significa impossibilidade de saldar os débitos. Que *default* era esse se o país estava solvente e em dia com todos os seus pagamentos aos *bonistas* (detentores dos bônus da dívida), os credores do Clube de Paris etc. Por sua vez, os salários dos servidores estavam em dia e reajustados acima da inflação, o desemprego na faixa de 7%, os aposentados recebendo dois aumentos anuais e os programas sociais girando a roda da economia?

E o que era mesmo "*default* seletivo", que ninguém sabia? Mordaz e contundente, a presidenta não foi direto ao ponto, quando começou a falar, às 18:30 horas daquele 31 de julho. Adensando o suspense por longos 50 minutos de sua fala de quase uma hora, preferiu fazer o que parecia ser uma digressão, ao anunciar algumas providências de caráter administrativo, mas que, acabou se revelando um dado concreto da solidez da situação econômica e social da Argentina de 2014, bem distante da debacle de 2001.

Desde logo, porém, avisou que não estava abalada com as labaredas do inferno sopradas pelos açodados meios de comunicação:

"Em primeiro lugar", começou dizendo, "estamos no dia 31 de julho e o mundo continua andando e a República Argentina, também, o que não deixa de ser uma boa notícia. Amanhã começa o mês de agosto, o primeiro (dia) e assim, sucessivamente, seguirá a vida, como vem sucedendo nestes anos que temos vivido na República Argentina".

E foi o que aconteceu, porque o furor midiático não conseguiu sequer alterar substancialmente as cotações do dólar, enquanto a bolsa teve até uma alta de 1,7% dois dias depois do alardeado "*default*".

Falando do Salão das Mulheres da Casa Rosada, rodeada de ministros, tendo ao fundo os retratos entre outros de Eva Perón, governadores, parlamentares e da militância juvenil, Cristina discorreu durante 54 minutos em cadeia de rádio e TV sobre os avanços de seu governo. As providências administrativas que anunciou, com estudada pachorra, eram o segundo aumento do ano para os aposentados, da ordem de 17,21%, e o envio de três projetos ao Congresso de proteção dos direitos dos consumidores. Segundo a lei de mobilidade para aposentados, baixada por Cristina e que obriga o governo a lhes conceder reajustes semestrais, aquele aumento se somava ao de 11,31% conferido em março, perfazendo um total de aumentos de 2.054% ao longo de quase 13 anos de governos Cristina e Néstor.

Era um dado relevante na comparação dos dois *defaults*: o real, de 2001, e o virtual, de 2014. Os aposentados, em 2001, recebiam 250 pesos, e hoje, sob o "*default*" de 2014, recebem P$ 3.231,63.

Na época, eles totalizavam 3.500.000 e hoje são 7.422.000. Como deveria estar em *default* um país que se dava ao luxo de ter caixa para pagar esses aumentos e ainda de estar em dia com os credores e conceder reajustes salariais geralmente acima da inflação?

O pior é que no *default* real de 2001, o governo garfou 13% dos salários, das pensões e dos programas sociais e ainda passou a mão nos depósitos bancários dos argentinos com o *corralito*. Afigurava-se uma situação insustentável para a mídia, sustentar a cantilena do *default*, através de seus analistas, economistas, sociólogos, politólogos e políticos da oposição, estes adestrados na videopolítica. Por isso, talvez ela falava de "*default* seletivo", que ninguém sabia o que era, mas que tinha sido usado pelo mediador do juiz Griega nas negociações, Daniel Pollack. Este, em nota, havia afirmado: "Não se chegou a um acordo e a Argentina cairá de forma iminente no *default*".

O governo requereu a substituição do mediador Pollack, por julgá-lo parcial. O pleito foi rejeitado pelo juiz Griesa, o que levou a Argentina a retirar-se da negociação. Nem por isso o brioso país platino foi para o brejo e as coisas continuaram exatamente como antes.

Na verdade, os banqueiros e especuladores não estavam habituados a lidar com governos comprometidos com a soberania, pois a maioria dos presidentes que antecederam Néstor e Cristina, inclusive os do período neoliberal *hard*, cediam docilmente àquelas pressões. Formavam o tipo de governantes, muito elogiados na TV hegemônica, porque "faziam o dever de casa", ou seja, adotavam os pacotes recessivos do FMI e do Consenso de Washington, enquanto a população afundava na miséria, no desemprego, no abatimento moral, todo este rescaldo que acabou desembocando em tragédias como a de 2001.

Na fala, Cristina confessou que, para ela, presidente em final de mandato, seria até mais cômodo assinar o acordo com os buitres e "ficar como rainha", hipótese que recusou diante de sua "responsabilidade histórica": "Não quero passar para a história, como outros, como passou Bernardino Rivadavia (o primeiro presidente no curto período de pouco mais de um ano (1826-1827), que implantou a figura do sobre-endividamento), com o danoso empréstimo do banco inglês Baring[29].

A presidenta, na verdade, estava a cavaleiro naquela situação, pois até ali já havia enfrentado 900 processos dos buitres na comarca de Nova York. Dois dias antes, ao assumir a presidência *protempore* do Mercosul, na cúpula de Caracas, ela havia detalhado esta tumultuada trajetória numa entrevista esclarecedora:

"Esta não é a primeira vez que a Argentina enfrenta essas demandas. Temos mais de 900 processos e de 80 embargos, dos quais, o mais emblemático é o da *Fragata Libertad* (navio escola apreendido na república de Gana, depois recuperado pela Argentina). Nos embargaram o Tango 01 (avião presidencial), tentaram embargar a embaixada nos Estados Unidos. O mesmo juiz Griesa embargou mais de 500 milhões de dólares da ANSES (Instituto de Previdência), depois liberados pelo tribunal de alçada. El satélite ALSAT...).

Na mesma entrevista na Venezuela, Cristina ainda advertiu relembrou o papel nefasto da mídia no desenlace de 2001:

"Enquanto for presidenta, não vou deixar que nos embargue a soberania. Que deixem (os meios de comunicação) de assustar e ameaçar os argentinos, pois os argentinos não têm medo. (Eles) recordam quando lhe tomaram a grana, quando os demitiram dos empregos, quando queriam reduzir os fundos das universidades, quando fecharam as escolas técnicas. Ninguém fez manchetes catastróficas nem reportagens na rádio e na TV. Ninguém lhes avisou: 'Che, amanhã vem o *corralito*, tirem o dinheiro do banco'. Ao contrário, engrupiram todo mundo, dizendo que tudo estava lindo e que votássemos (ela era deputada)

---

[29] O *megacanje* e a *blindagem* foram dois megaempréstimos efetuados pelo governo Fernando de la Rúa, às vésperas da comoção social de 2001.

tudo o que nos botavam na frente, porque senão o país viria abaixo. Eu não votei, claro".

A reação de Cristina, que ainda havia conseguido o respaldo unânime do Mercosul, Unasul, CELAC e da própria OEA, serviu igualmente para alertar o mundo da natureza deletéria desses fundos abutres e de sua criminosa associação com os grandes negociantes locais e seu principal aríete, os meios de comunicação.

Na Argentina, foi acintosa a pressão dos grupos de comunicação *Clarín*, *La Nación*, dos bancos, da Sociedade Rural e dos políticos de oposição por eles patrocinados para o acordo em Nova York, evidenciando suas ligações espúrias se não sua própria parceria com o pior tipo de especulação financeira. Ali poderá estar muito da colusão de empresários, governos dóceis e agentes internacionais que desembocou nos desvios de mais de 50 bilhões de dólares da dívida externa, dos vultosos lucros financeiros obtidos nas maxidesvalorizações da moeda, dos ataques especulativos e das manobras para desdolarizar as dívidas das grandes empresas, sempre deixando a maior parte do prejuízo para o governo.

A este propósito, o ex-presidente Adolfo Rodríguez Sáa veio a público confessar, numa entrevista à rede de TV C5N[30] que os empresários, à frente o Clarín, pressionaram para nacionalizar a dívida dos setores privados: "Queriam que eu fizesse como Duhalde (Eduardo, presidente que o sucedeu em 2001) a pesificação assimétrica", ou seja, que os empresários "pagassem em peso a dívida em dólar que tinham e que o governo assumisse a diferença (em bilhões de pesos)".

Detalhou que o projeto da pesificação já estava em sua mesa de trabalho, quando assumiu: "O único papel que estava na Secretaria Legal e técnica da Presidência era o esboço de projeto da pesificação assimétrica, que era exatamente o mesmo esboço que foi sancionado depois".

---

[30] Notícia da Télam sobre a entrevista de Rodríguez de Sáa à C5N: http://www.telam.com.ar/notas/201408/73798-rodriguez-saa-clarin-pesificacion-asimetrica.html

Obrigado a renunciar três dias depois de eleito pelo Congresso, em fins de dezembro de 2001, quando o país era devorado pelas chamas do *estallido*, Rodríguez Sáa ainda revelou que os empresários industriais liderados pelo Clarín, "foram os criadores do golpismo democrático": "São os mesmos de agora"... "Depuseram um presidente e depois outro", asseverou.

É importante conhecer a natureza e a história dos fundos abutres e a devastação que eles produziram no pobre mundo periférico. Eles são o tipo mais daninho de especuladores predatórios: não investem, não produzem e só vivem de rendas. E ganham muito dinheiro, graças a sua associação com grandes advogados, financistas e, principalmente, a cobertura favorável de que desfrutam dos meios privados de comunicação. Estão instalados em países fiscais, como as Ilhas Cayman, onde vivem seus donos, como Kenneth Dart, do fundo Dart, o maior credor da Argentina, que lhe cobra um total de 725 milhões de dólares e mais taxas de juros de quatro anos. Dart, que renunciou à cidadania americana e é uma espécie de vice-rei em Cayman, onde também é dono de um quarto dos imóveis locais, possui uma fortuna avaliada em cerca de 6,6 bilhões dólares.

Os fundos abutres são criticados institucionalmente pela União Europeia e jornais do nível do *Financial Times* e do *New York Times*, mas recebem as graças do poder financeiro mundial, formado pelos Estados Unidos e a Europa, onde gozam da proteção da justiça, como demonstraram as ações de juízes como Thomas Griesa, de Nova York, contra a Argentina. Os principais fundos que litigam nosso país vizinho são o Elliot, NML Capital, Aurelius, Ace Paster, Blue Angel e Dart.

Eles também já fizeram estragos no Brasil, em 1997, quando o governo Fernando Henrique Cardoso pagou ao fundo abutre Kenneth Dart lucros da ordem de 260% em um investimento nominal de US$ 375 milhões, pelo qual cobrou US$ 1,4 bi. Começaram sua ação mais ostensiva com a crise de 1980, espalhando sua devastação no Peru, Equador, Nicarágua e Panamá. Ainda vitimaram a Turquia, Zâmbia,

Costa do Marfim, Libéria e República Democrática do Congo. No Congo, o país considerado mais pobre do mundo, o fundo FG Hemisphere, de Peter Gossman, comprou dívidas de U$ 3 milhões, com valor nominal de US$ 32 milhões e pelo qual recebeu US$ 100 milhões, o que representa 3.300% de lucros.

O mais grave da ação dos fundos abutres é que eles não se limitam a corromper autoridades e políticos oposicionistas dos países da chamada periferia. Eles vão bem mais longe, atingindo mesmo a cúpula do poder em Washington, como comprovou o envolvimento da ex-secretária de Estado Madelein Albright. Tida até aqui como figura exemplar, inclusive por ter sido a primeira mulher a assumir o terceiro posto mais graduado do governo dos Estados Unidos, ao ser escolhida pelo presidente Bill Clinton, Albrigth foi denunciada pela presidenta Cristina de ter sido contratada pelo fundo buitre, de Paul Singer, para desestabilizar seu governo.

Segundo Cristina Kirchner, Albright, do Partido Democrata, e seu sócio Carlos Gutiérrez, um republicano e ex-secretário do Comércio do Governo George Bush (pai), na empresa de consultoria Albright Stonebridge Group (AGV), tinha elaborado um plano destinado a espalhar rumores e praticar outras ações de desgastes da figura da Presidenta", numa "estratégia financeira agressiva", que incluía a "contratação de jornalistas" e políticos de oposição para "atacar o Governo direta ou indiretamente".

A presidenta ainda citou cinco pontos principais do tal plano:

1. Abalar e desgastar a figura da Presidenta da Nação, com ataques permanentes do ponto de vista da mídia e denúncias sistemáticas, em vários lugares, nos Estados Unidos, e, internacionalmente.
2. Fomentar uma onda de rumores que gerem instabilidade econômica, promovendo ataques especulativos para minar a credibilidade e a confiança do governo, especialmente com a variação da taxa de câmbio marginal ou "azul", que constitui um mercado ilegal promovido por grutas financeiras patrocinadas por maneira indireta pelos bancos.

3. Estabelecer uma política agressiva no mercado financeiro internacional para impedir o acesso da República Argentina ao financiamento no mercado de capitais, tanto no setor público quanto no setor privado, a fim de sufocar o governo e impedir que as empresas acessem linhas de crédito.
4. Propiciar uma estratégia para ganhar tempo e alcançar um acordo favorável aos interesses dos fundos abutres em 2016 com um novo governo, admitindo os desejos que efetivamente um governo relacionado aos seus interesses pode governar o país a partir de 10 de dezembro de 2015.
5. Contratar jornalistas, mídia na Argentina e em outros países para atacar o governo e financiar, direta ou indiretamente, políticos da oposição e sindicalistas para pressionar o governo e provocar ações de desgaste permanente.

Tomada de surpresa pela denúncia, a empresa de Albright e Gutiérrez, a AGV, silenciou alguns dias sobre o episódio, mas depois resolveu pronunciar-se, para, numa desculpa esfarrapada, "esclarecer" que, efetivamente, seus serviços foram contratados pelo fundos abutre, com o fim de "realizar gestões", em busca de "uma solução satisfatória" para o litígio, mas sob a condição de que o governo "não objetasse esses esforços".

Os fundos abutres ainda tinham muita munição para despejar sobre o governo argentino e articularia um novo ataque especulativo à moeda, fazendo o peso chegar a 15,80 diante do dólar, em 24 de setembro de 2014. Incansável, Cristina, nesse mesmo dia, faria nova denúncia contra os abutres à ONU, que aquela altura, já havia provado resolução 68/304, por 124 votos a 11 e 41 abstenções, condenando seu papel desestabilizador e ainda decidido criar um novo marco jurídico multilateral de reestruturações da dívida soberana.

XXX
A comunicação direta, pelo Twitter

Cristina é uma apaixonada pelas novas tecnologias e uma inveterada frequentadora das redes sociais, talvez como nenhum outro chefe de Estado. Os acessos às suas contas no Twitter e no Facebook já ultrapassaram há muito os três milhões. Esta paixão a levou a empreender uma verdadeira revolução tecnológica, inundando a Argentina de fibras óticas, televisão digital e principalmente ensino tecnológico nas universidades e escolas públicas. Nestas últimas, distribuiu nada menos do que 3,5 milhões de *laptops* entre alunos e professores (Veja capítulos à parte).

Paradoxalmente, ela própria, por algum tipo de bloqueio, nunca foi boa em manejar essas técnicas, quer no seu computador ou no celular. Paradoxalmente, esta falta de jeito com a engenhoca não a impediu de transformar-se numa tuiteira quase obsessiva. É que ela descobriu estar ali o melhor meio de comunicação direta com os argentinos (O Trump descobriria o macete quase 10 anos depois).

A eficácia de seus tuítes se revelou às vezes maior do que as redes nacionais de rádio e televisão, que convocava regularmente para os comunicados ao país. Pelo Twitter e o Facebook, ela não interrompe a novela, o filme ou o noticiário dos telespectadores, enquanto consegue despertar a atenção do internauta, com uma argumentação mais clara, aprofundada e, cortante, no mais das vezes.

Cristina, que ainda é de escrever à mão, confiando aos auxiliares a digitação e a postagem de seus textos, descobriu que, nas redes sociais, pode estancar, no nascedouro, e com a velocidade de um raio, muitas das distorções e intrigas que lhe assacam os adversários, à frente a chamada grande imprensa. Seus *posts*, em linguagem direta, invariavelmente cáusticos e bem-humorados, são acompanhados de documentos, recortes de jornais, fotos, vídeos e outras provas cabais, capazes de desmontar qualquer armação, a qualquer hora do dia e da noite.

Sim, a qualquer hora, porque Cristina parece não dormir. Tomemos, por exemplo, seu *post* de 25 de setembro de 2014, expedido por volta das 21 horas, depois de um dia cheio de atividades e o cansaço de haver empreendido na madrugada um voo de 11 horas de Nova York a Buenos Aires.

Ao folhear os jornais argentinos naquele dia, verificou que alguns deles haviam falseado a verdade. Diziam que o presidente Barak Obama, que presidia uma sessão do Conselho de Segurança da ONU, desligara o *headphone* quando Cristina falava.

Na sessão, Cristina falou durante 14 minutos, representando a Argentina, um dos 10 membros não permanentes do Conselho de Segurança, ainda integrado por outros cinco membros permanentes, inclusive os Estados Unidos. Os trabalhos eram conduzidos, pois o sistema de rodízio conferia aos Estados Unidos indicar o presidente *pro tempore* do Conselho de Segurança. Os 15 países membros, inclusive a Argentina, se revezam mensalmente no cargo. Ele tinha dado a palavra a Cristina, ouvindo educadamente seu discurso, sem intervir.

Agindo como se o mundo ainda estivesse na era da informação que vinha a cavalo ou se julgando donos inexpugnáveis de suas verdades, alguns comentaristas "informaram" que o presidente americano havia tirado os fones do ouvido na hora que falava sua colega argentina. Supondo não só minimizar a importância do discurso de Cristina, considerado uma das críticas mais contundentes à política de Washington em fomentar mais guerras, como negar o mérito à presidenta de ser ouvida em pessoa pelo presidente da ainda maior potência mundial.

Ocorre que a época é a da informação quase instantânea e de muita transparência, porque qualquer vacilo implica o risco de ser rebatido em frações de minutos pelas novas ferramentas da internet. Cristina então não titubeou, naquele momento, em recorrer ao Twitter, e, numa cascata de *posts*, não só flagrou a desinformação, partida, inicialmente, do *Clarín*, como demonstrou a farsa por trás dos ataques à sua pessoa e a seu governo.

"Alguns comentaristas, aqueles que costumam acomodar a cabeça ao chapéu", disparou, "afirmaram que Obama não tinha posto o *headphone* durante a sessão do Conselho de Segurança". Ato contínuo, inseriu uma foto da ocasião, com um círculo destacando o fone nos ouvidos de Obama. Mas, pressentindo outra distorção informativa sobre a foto, ela juntou o vídeo completo de sua intervenção, com duração de 14 minutos:

"Com certeza vão dizer que a foto está truncada, então, é melhor mandar o vídeo"[31], recalcou. O vídeo, cuja autenticidade não pode ser questionada, por ter sido gerado pela própria ONU, mostra Obama claramente colocando o *headphone* nas orelhas, no início da fala de Cristina, e os tirando, no final.

O *Clarín* não ousou contestar a explicação presidencial, preferindo silenciar sobre a própria gafe, mas o *La Nación* tentou fazer uma justificativa marota, ao insinuar que não havia tradução do espanhol para o inglês na ocasião, sugerindo que o presidente não havia entendido o discurso. Era outro disparate, quando é sabido e notório que as sessões das Nações Unidas, desde quando a organização foi criada, em 1948, oferecem oficialmente seis serviços regulares de tradução simultânea: em inglês, espanhol, francês, árabe, russo e chinês. Tais serviços, hoje operados por uma equipe de 460 profissionais, são considerados dos mais avançados.

[31] Vídeo da intervenção de Cristina no Conselho de Segurança da ONU, em 24 de setembro de 2014: https://www.youtube.com/watch?v=lyf20v16lVc

Cristina ainda aproveitou o momento para vergastar este tipo de desrespeito aos leitores, sem perder a oportunidade de verter sua ironia fina: "Que coisa!!! Até esse tipo de estupidez tenho de estar explicando. Não por mim. Mas pelo próprio Obama. Ou vocês acham que ele me olhava por linda? My god! (sic). Quanta mediocridade: simples marionetes de um teatro que nunca entenderão", disparou a presidenta.

A comunicação direta com o povo foi sempre um sonho dos governantes empenhados na construção de um país soberano. Eles chegam ao cargo amarrados pelos compromissos políticos, a penosas negociações com o Parlamento, a camisa de força dos tratados internacionais e, mais que tudo, as pressões e chantagens do poder econômico via meios de comunicação.

A mídia tradicional ainda dominaria por algum tempo a comunicação popular, antes que a internet se impusesse como veículo hegemônico. Particularmente, devido à magia das imagens deslumbrantes da TV, as empresas da mídia ditavam não só a agenda política, econômica e institucional, como impunham hábitos, costumes, modismos e valores. O pedaço era só dela e ai de quem ousasse atravessar o seu caminho.

Daí, a fixação presidencial nas redes sociais, como uma possível alternativa à ubiquidade midiática e que ela usaria, incansavelmente, desde que o Twitter e o Facebook se fincaram no cotidiano das pessoas, dos negócios e dos governos. Era também uma forma de detonar pela raiz os boatos que atingiam não apenas a figura presidencial, mas sobretudo a economia e a própria sociedade. A maioria desses rumores logo provocavam a subida do dólar, as quedas da bolsa, além de provocar crises políticas, claramente engendradas e de alto teor desestabilizador.

Para desfazer alguns desses boatos, Cristina teve de ir ao Twitter em 31 de janeiro de 2014, da 01:00 às 01:19 da madrugada. Na noite anterior, tinha ido ao hospital onde lhe fora constatada uma bursite no fêmur esquerdo. Aquilo tinha sido uma festa para os intrigantes que costumavam apregoar sua morte ou uma doença incurável que a inabilitasse para governar. A presidenta, como se recorda, havia recém--saído da convalescência de 40 dias que lhe obrigara uma delicada cirurgia intracraniana em fins do novembro anterior.

Obedecendo às recomendações médicas e proibida de viajar, a presidenta passou a maior parte daquela convalescência na residência oficial de Olivos, na periferia norte de Buenos Aires, só de lá saindo para fazer exames na Clínica Favaloro e mergulhando num mutismo, que acabou suscitando mais suspeitas e rumores sobre sua saúde.

Ela se permitia, porém, uma ou outra escapadela, quando costumava dar uma incerta em seu gabinete da Casa Rosada. Chegava já pela noite, desembarcando do helicóptero no heliporto, horário em que a maioria dos repórteres costumam se recolher à redação para redigir suas notícias. Na ocasião, alguns jornalistas que faziam o plantão da noite registraram as presenças inusitadas da presidenta, chegando a fotografá-la, mas sem dela poder aproximar-se. As fotos e os vídeos publicados a mostravam caminhando com os costumeiros passos lépidos e enérgicos, a bolsa a tiracolo, portando óculos escuros e cumprimentando funcionários. Era uma forma de ela dizer que estava viva e de desconstruir os rumores e o falatório de que estaria mal de saúde, como faziam questão de alardear os jornalões.

Quando voltou ao hospital naquela 31 de janeiro, Cristina tinha acabado de chegar de uma importante reunião do Mercosul e da CELAC, em Havana.

Depois de examinada, ela volta para casa, sem dar declarações, deixando a cargo do hospital a expedição do respectivo boletim médico. Chegando a Olivos, se concentrou em expedir um borbotão de microtextos, pelo Twitter e Facebook. Estes abordavam, desde sua saúde até às reuniões da CELAC, que a mídia privada ignorou olimpicamente, apesar de ter reunido 33 chefes de Estado e baixado uma série de diretrizes visando ao aprofundamento da integração.

Nesta "metralhadora de tuítes", como qualificou *La Nación*, inseriu uma montagem de 19 recortes de jornais para mostrar a incoerência e as contradições da mídia em relação à sua saúde e ao silêncio sepulcral a que a presidenta se havia submetido, incluindo uma abstinência recorde de 48 dias no Twitter.

Ela começou dizendo: "Quase 21:30. Saio da Rosada. Fotógrafos e câmeras várias. Inclusive um na entrada do heliporto. Ah já sei, mandaram os fotógrafos porque esperavam me ver saindo de muletas, por causa do diagnóstico da bursite do trocánter esquerdo. What is this (sic)? Nadaa (sic), uma inflamação que se trata com kinesioliga e um pouco de gelo. Não, claro que não. Vou mais pelo título catástrofe".

Depois emenda outros petardos:

"Ahh! Não se lembram? Aqui vão algumas manchetes e primeiras páginas sobre o "silêncio" e a "ausência presidencial" (seguem recortes de vários jornais dispostos numa montagem de uma página em papel A4). Depois, retoma os microtextos de 140 caracteres:

"Quando fala da segunda cúpula da CELAC, em Havana, junto a mais de 33 chefes e chefas de estado"...

... três reuniões bilaterais com chefes de Estado. México, Venezuela, Uruguai... *Clarín* e *La Nación* silêncio total.

"CFK (sigla que ela parece apreciar de Cristina Fernández de Kirchner)... Você não está muito suscetível? Você acha? Quer que mostre mais manchetes?... (segue outro recorte de primeira página do *Clarín* com o título: "A saúde presidencial – Cristina de novo no hospital para exame").

"Extensas férias de Cristina no Calafate". Fui na sexta, 20/12, PRA MINHA CASA e voltei na segunda, 6/1. Quatro dias úteis fora de Buenos Aires. O resto dos dirigentes políticos próprios e de fora são vistos nas praias tirando férias todo o mês de janeiro. Cuidado, que não é crítica a ninguém...

"A construção da mentira diária, a contradição patética e a catástrofe permanente".

Muito antes disso, os tuítes de Cristina já tinham dado o que falar. Num certo dia, quando mal terminava a tarde, ela recorreu às redes sociais para responder ao ator Ricardo Darín, grande mito do cinema argentino e dos filmes *cult* de todo o mundo. Darín, um ator shakespeariano, foi sempre voltado para o seu trabalho, não se envolvendo em política. Subitamente, porém, ele lança violento ataque à presidenta e a seu marido já falecido Néstor Kirchner. Numa entrevista de tom catastrofista à revista Brando[32], um órgão do jornal *La Nación*, em que culpava o governo pelo clima de confrontação que se aguçava, particularmente, naquele final de dezembro de 2012, Darín desafiava:

"Eu queria que alguém me explicasse a questão do crescimento patrimonial dos Kirchner. Como a cara deles não cai de vergonha? Como pode ser?". Naquela mesma hora, Cristina respondeu a Darín numa carta[33] de 131 linhas, postada na íntegra no Facebook e dividida em mais de 60 microtextos de 140 caracteres no Twitter, às 19:16 horas de 5 de janeiro de 2013.

Sob o título "Uma resposta ao ator Ricardo Darín sobre as Declarações de Renda de "Los Kirchner" (sic"), a presidenta começa por fazer rasgados elogios ao mito do cinema argentino.

Confessa que admira e respeita a trajetória do intérprete de *O Segredo de Teus Olhos*, ganhador do Oscar de 2010, pois se considera uma "cinéfila total". Depois vai direto ao ponto central do questionamento de Darín, ou seja, o crescimento do patrimônio dos Kirchner: "Quero lhe dizer que não houve autoridade pública, sejam políticos, governadores, legisladores, prefeitos, juízes, ou chefes de governo mais denunciados, penalmente, e investigados pela justiça argentina, em matéria de enriquecimento do que quem foi meu esposo e companheiro de toda a vida e quem lhe escreve.

---

[32] Entrevista de Darín à revista Brando no site: http://www.conexionbrando.com/1542781

[33] Íntegra da longa carta de Cristina a Ricardo Darín.

"Não só se investigou a fundo como também se designou o corpo de peritos da Suprema Corte da Nação para que se realizasse perícias contábeis as quais duraram meses, e concluíram que não se tinha cometido nenhum ato ilícito, o que obrigou os juízes a desconsiderar as denúncias".

"Nunca em toda a história política da Argentina se pôde acessar às declarações de renda de uma autoridade pública com maior facilidade, frequência e publicidade do que as de Néstor Kirchner e Cristina Fernández de Kirchner.

Depois, Cristina faz algumas indagações e comenta fatos pregressos da vida do prestigiado ator:

"Você queria que alguém lhe explicasse. Já nos explicamos (ela e Néstor) à Justiça e aos peritos da Corte (Suprema). Descarto, Ricardo, que você confie na Justiça. Você mesmo foi acusado e detido por um juiz, em março de 1991, pelo delito de contrabando de uma camioneta que entrou no país com uma franquia especial para deficientes (físicos). "Perdão, não desejo o mal a ninguém, mas menos mal que não estávamos (na época) "Los Kirchner" no governo, ou (o fato) tinha sido considerado uma perseguição política. Lembra-se?"

Tomado de surpresa pela reação presidencial, Darín, que não respondeu à carta, deu declarações à imprensa, dizendo ter se sentido "muito usado" pela reportagem de Brando, uma "utilização muito perversa". "O título da reportagem não faço eu. Por isso digo que, editorialmente, compreendo, mas não compartilho", se justificou o ator. Ele ainda disse entender que Cristina teve razão em se sentir atacada. "Produziu (a entrevista) uma ferida que eu não queria produzir", disse, afirmando que desejava uma audiência privada com a presidenta. "Gostaria de esclarecer a questão. Tomara que tenha oportunidade."

A polêmica com Darín parece ter terminado aí, mas Cristina continuou tuitando no mesmo ritmo frenético, confiante em que não perderá oportunidade em explicar seus atos e desafazer incompreensões como aquelas referidas pelo grande mito argentino do cinema.

XXXI
Quando os EUA bordavam e desbordavam

Cristina Fernández, ainda como militante e parlamentar, pautou-se pelo cuidado de não se envolver no antiamericanismo histérico e sim por cultivar uma visão mais racional no que concerne ao fator Estados Unidos. Ainda que o último governo Bush tenha se ressentido com as fricções do período anterior de Néstor, particularmente devido ao enterro da ALCA, em 2005, em La Plata, a nova presidenta, com mandato iniciado em 10 de dezembro de 2007, esforçava-se por um relaxamento de tensões com a superpotência do norte.

Confiava que Barak Obama, o primeiro presidente negro, viria imprimir, com sua juventude, cultura de harvardiano e reconhecido discernimento, uma nova era nas relações dos dois países e da América Latina. Como o restante do mundo, ela não tinha resistido ao *new approach* que prometia o brilhante aluno de Harvard, instalado na Casa Branca, a partir de 20 de janeiro de 2009.

Com esse propósito, teve contatos diretos com o novo presidente e entabulou uma amizade pessoal com a nova secretária de Estado, Hillary Clinton, que, inclusive, tinha como modelo de mulher e de estadista, e outros graduados funcionários de Washington.

O assédio midiático sofrido por Obama, gerado principalmente pela rede de TV Fox News e a campanha demolidora da oposição republicana talvez tenham contribuído para instalar essa empatia nos dois estadistas, também facilitada pelas boas maneiras do presidente. Mas a "máquina bestial" da engrenagem do poder americano, como definia Hugo Chávez, logo se interpôs e frustrou a primavera obaniana.

Disposição ao diálogo não implicaria humilhações nem interferência indébita na vida argentina. Tanto era, assim, que Cristina não titubeou em rechaçar com categórica resolução, um ataque intempestivo do novo diretor da CIA, Leon Panetta, contra a economia do país platino.

Panetta, um político ítalo-americano influente que havia sido chefe da Casa Civil do presidente Bill Clinton (1994-1997) e que acabava de assumir a direção da CIA, em janeiro de 2009, havia afirmado, numa entrevista coletiva, que "a Argentina, o Equador e a Venezuela enfrentam uma dura situação, podendo sofrer instabilidade econômica, por causa da crise global".

A mídia oligopólica, sempre hostil a Cristina, fez um carnaval das declarações de Panetta, procurando dar a entender que o país estava à beira do caos, conforme a visão da sinistra CIA. Até aí, os dirigentes da metrópole usavam e abusavam de comentários depreciativos, quando não reprimendas diretas ao governo argentino e de outros países periféricos que não seguissem à risca os ditames do Consenso de Washington. Tais comentários eram, via de regra, replicados e potencializados com grande destaque em toda a mídia nacional e às vezes internacional. Jornalistas e colunistas adestrados eram escalados para aprofundar o tema, em que previam calamidades e outras desgraças no país, por conta de uma eventual rebeldia aos ditames da metrópole, gerando, com isso, um quadro de apreensão e instabilidade, em particular, nos negócios.

Cristina deu um basta neste tipo de achincalhe. Ao saber do rompante de Panetta, ordenou que se chamasse o embaixador americano acreditado em Buenos Aires, Early Antony Wayne, para esclarecimentos, um ato diplomático indicando inconformidade governamental.

Em nota diplomática, o chanceler Jorge Tayana, foi peremptório: "Tomamos conhecimento, com surpresa e mau-estar, das declarações de Panetta, diretor da tristemente célebre CIA", disse o chanceler, acrescentando: (As declarações) são irresponsáveis, infundadas e imaturas". Depois anunciou que, por pedido expresso da presidenta Kirchner, convocara o embaixador Wayne para "exigir-lhe as explicações correspondentes ante estas lamentáveis palavras".

A retratação veio quase de imediato, o que denotava ser fruto de uma admoestação do próprio do novo presidente ao auxiliar-chefe dos espiões. Com a atitude, Obama parecia inaugurar uma nova fase de convivência da diplomacia de Washington com seus parceiros. Em telefonema ao embaixador argentino em Washington, Héctor Timerman, o diretor da CIA pediu "desculpas à presidenta por ter mencionado a Argentina como um dos países cuja estabilidade corria risco devido à crise econômica mundial".

Os preconceituosos funcionários americanos se viram assim obrigados a engolir suas próprias palavras. Segundo o embaixador Timerman, depois nomeado chanceler, "Leon Panetta me telefonou pessoalmente e me disse que queria pedir desculpas à presidenta e à Argentina, como um todo, porque o que disse à imprensa não é a opinião dele, nem da CIA, nem do governo dos Estados Unidos".

A atitude altiva da presidenta, era, na verdade, uma reação aos mais de 70 anos de intromissão dos Estados Unidos na política argentina, que incluíam o estímulo e patrocínio de golpes e ditaduras militares e receitas econômicas das mais brutais a brava nação vizinha.

Com efeito, a intromissão americana havia chegado ao paroxismo na época da ascensão de Juan Domingo Perón, a partir de 1943, quando este, ainda coronel, foi designado secretário do Trabalho, durante o governo surgido do golpe nacionalista do Grupo de Oficiais Unidos (GOU), responsável pela deposição do presidente conservador Ramón Castillo. Quando candidato a presidente pela primeira vez, na eleição de 1946, Perón foi às ruas convocar o povo a decidir entre ele e os Estados Unidos, tendo como slogan o dilema "Ou Braden ou Perón". Sob a consigna, Perón impôs histórica derrota à interferência externa, elegendo-se presidente pela primeira vez, com 52,4% dos votos.

Spruile Braden, como se recorda, era embaixador em Buenos Aires, quando da ascensão do coronel Juan Domingo Perón, a partir de 1945, quando este foi designado vice-presidente e ministro do Trabalho.

Quem era Spruille Braden? Tinha-se transformado no virtual chefe da oposição argentina, cujos representantes fazia questão de reunir e dar ordens no seu suntuoso escritório do Palácio Bosch, a majestosa sede portenha da embaixada, desde 1929, situada entre as avenidas Libertador e Sarmento e bem ao lado da Sociedade Rural Argentina.

Braden também agregava às suas funções de embaixador americano e prócer oposicionista as de lobista da truculenta United Fruit Company, responsável por sucessivos golpes de Estado em várias democracias latino-americanas, e de proprietário da mineradora Braden Copper Company, com sede no Chile. Era também considerado testa de ferro da Standard Oil, a qual, para instalar-se nos ricos campos de petróleo do Paraguai e da Bolívia, incentivou a terrível Guerra do Chaco, que causou cerca de 250 mil mortes entre os cidadãos daqueles dois países limítrofes do Brasil.

Para nortear suas ações, Spruille Braden elaborou, juntamente com o espião de origem espanhola e funcionário do Departamento de Estado Gustavo Durán, o *Livro Azul*, em que acusava Perón e outros militares argentinos de vinculação e afinidade com os nazistas. Perón respondeu com o *Livro Azul e Branco*, as cores da bandeira argentina.

Depois da queda de Perón no golpe de 1955, quando os Estados Unidos conseguiram o apoio dos militares, da Igreja, da Sociedade Rural e da grande imprensa para depor o presidente, a interferência americana foi ainda mais agressiva e virulenta.

A partir dali até 2003, quando ascendem os Kirchner, praticamente todos os presidentes, civis ou militares, só se efetivavam no poder depois de obterem o *nihil obstat* dos Estados Unidos. A dependência da cúpula governista e oposicionista de Washington era tanta, que até os grupos militares que se engalfinhavam no poder se deslocavam para a capital americana em busca de uma mãozinha.

Entre eles, se destaca a controversa figura do tenente-general Leopoldo Galtieri, que virou personagem internacional com a declaração da estúpida guerra das Malvinas, em 1982. Galtieri era comandante do Exército quando resolveu depor o presidente Roberto Viola, também general e segundo chefe de Estado designado pela ditadura de 1976, autointitulada Processo de Reconstrução Nacional.

Com vistas a este objetivo, o ambicioso general ofereceu lautos banquetes na sede da embaixada e em restaurantes chiques de Washington e Nova York aos áulicos da Casa Branca, incluindo o chefe de gabinete e depois secretário de Estado, Alexander Haig, também general, e a embaixadora na ONU, Jeane Kirkpatrick.

Um pouco antes destas tratativas, para ser mais preciso, no dia 29 de agosto de 1981, quando o governo do ditador Roberto Viola já tinha os dias contados, seu chanceler, o jornalista Oscar Camillión, foi recebido pelo secretário de Estado Alexander Haig.

Segundo uma minuta oficial do encontro[14], Haig, ao começar o diálogo, puxou um papel e leu "três inquietações" do governo americano:

1. Perguntou pela situação de uma presa (política) de origem israelense, cujo estado preocupava a comunidade judia dos Estados Unidos;
2. Expressou o interesse de seu país que a empresa norte-americana Allis Chalmers seja beneficiada na licitação das turbinas para (a hidrelétrica) Yacyretá (na fronteira com o Paraguai);
3. Expressou sua preocupação com a marcha das negociações com o Chile sobre o contencioso do Canal de Beagle.

Coincidentemente, uma delegação paraguaia, chefiada pelo chanceler Alberto Nogués, peregrinava pelos gabinetes de Washington, ocasião em que manifestou preocupação com "a demora e a indecisão" argentina naquele processo licitatório. Integrava a delegação de Nogués o empresário Conrado Pappalardo Zaldívar, ligado à Allis Chalmers.

Néstor e depois Cristina Kirchner, a Argentina conheceu uma nova época no cenário internacional. Seu foco não era mais os Estados Unidos, mas na realização de negócios e parcerias com os vizinhos sul-americanos, incluindo o Mercosul, os países emergentes de outras latitudes, e novas potências como a China e a Rússia. A partir daí, o comércio e intercâmbio aumentou várias vezes, tanto que o país passou a respirar com crescimento econômico, aumento real de salários e redução drástica do desemprego.

XXXII
Cadeias de TV para furar o bloqueio

Foi no meio de uma greve geral quase absoluta que Cristina ocupou pela décima vez no ano, em 31 de março de 2015, uma cadeia de rádio e TV. A greve, surpreendentemente, não foi o centro de sua fala à nação. Explica-se, o paro, como chamam os argentinos, era o quinto no segundo mandato, fato que subtraía o sabor da novidade ou do impacto destes movimentos extremistas, que pareciam ir-se incorporando aos transtornos do dia a dia do portenho.

Tratava-se, com efeito, de uma greve abrangente, porque havia contado com a adesão quase total dos transportes, sobretudo do patronato, impedindo o deslocamento dos trabalhadores. Os jornalões puderam então refestelar-se com a exibição, em seus sites e redes de TV, uma desnuda e desprezada Avenida Nove de Julho, onde desponta o emblemático Obelisco. Como por encanto, o ronco dos carros e o alvoroço dos transeuntes haviam se esfumado, em plena terça-feira.

Não obstante, Cristina rejeitou o aparente catastrofismo da cena, preferindo concentrar-se em defender o projeto de modelo nacional, inaugurado com o marido Néstor Kirchner, em 2003.

O cenário de sua fala era a inauguração de uma obra de governo que, em si, não era de grande magnitude – um complexo cultural e esportivo e estações de água potável em quatro bairros da vizinha cidade La Matanza, de onde ela falava em cadeia para a pequena multidão concentrada no evento. Permitiu-se recordar alguns fatos, insistindo em mostrar, por exemplo, como os argentinos tinham melhorado de vida nos quase 12 anos de período kirchnerista. Dizendo estar orgulhosa em ter-lhes proporcionado o maior salário mínimo vital e móvel (com correções acima da inflação) e os índices de desemprego mais baixos da América Latina, fez um pedido:

– Peço a todos que foram subindo na escada salarial que olhem para trás e vejam que ainda temos gente na ponta da escada querendo subir – disse ela, ao referir-se a uma das principais reivindicações da greve – o alargamento da faixa de isenção do imposto de renda.

Pela cadeia de rádio e TV, a presidenta tinha a certeza de estar sendo observada pela maioria da Nação, porque a grande mídia lhe negava espaço para relatar as realizações de um governo que tirou o país da maior debacle de sua história. Os jornais, a rádio e a TV, oligopolizados, negavam-lhe qualquer mérito e ainda por cima esmeravam-se em distorcer e manipular fatos, colocando sua gestão em permanente suspeição. A cadeia nacional e as redes sociais eram as formas de que dispunha para furar o truculento cerco desinformativo.

A este respeito, os barões da imprensa acusavam Cristina de transplantar o modelo chavista de comunicação para a Argentina. E tinha razão, porque Hugo Chávez lhe relatara muitas vezes, pessoalmente, os benefícios que a cadeia nacional trouxe ao seu governo, também vítima do mais implacável cerco midiático.

Recusava, por isso, verificar o fato de que a greve, claramente induzida pelas corporações econômicas, a que estão vinculados líderes sindicais oposicionistas, atendendo a 10% mais bem pagos, tenha impedido de trabalhar 90% dos trabalhadores. "Não se trata de reivindicações operárias", enfatizou, ainda que parte daquele setor paredista tenha se beneficiado com seu programa de ascensão na escala social. Por isso, recordou que "Evita (Perón) tinha mais medo do frio dos corações daqueles que se esquecem de onde vieram do que dos oligarcas".

XXXIII
A tentativa de reforma da Justiça

A JUSTIÇA FOI O ÚNICO BASTIÃO DOS MEIOS CONCENTRADOS QUE resistiu, intocável, até o fim de 12 anos e meio, ao espírito reformista dos dois períodos Kirchner. Foram várias as tentativas, inclusive com leis específicas, aprovadas pelo Parlamento, depois de encaminhadas pelo Executivo, mas, sistematicamente, revogadas, ou, suspensas, por decisão unilateral do judiciário.

Estribada na velha oligarquia e alçada à condição de um superpoder irrecorrível, já que era a instância final de qualquer demanda, a justiça passou depois a interditar ou anular inúmeros atos presidenciais e leis do Parlamento, sempre que colidissem com os interesses dos grupos econômicos, sobretudo os midiáticos.

Tomava corpo, então, a poderosa coalizão judicial-midiático, um fenômeno que acabou se estendendo pela América Latina. Embora mais visível na Argentina de Cristina Kirchner, esse concerto que se autodenominava luta contra a corrupção, atingiu o paroxismo no processo de deposição da presidenta do Brasil, Dilma Rousseff. Começara com as manifestações de junho de 2013, antes da reeleição de Dilma (novembro de 2014), e com a operação Lava Jato (força tarefa de juízes e procuradores, deflagrada em março de 2014). A partir daí, Dilma nunca mais conseguiu governar, até ser finalmente afastada do governo, em 12 de maio de 2016, assumindo em seu lugar o vice-presidente Michel Temer. Mais, tarde, o ex-presidente Lula da Silva seria preso e condenado a 12 anos de prisão, no meio da campanha presidencial de 2018, em que era franco favorito.

Cristina não se deixou atemorizar pela avalanche do que já então se chamava de *lawfare*, anglicismo popularizado para caracterizar a utilização da justiça para perseguir adversários políticos. Preparou e fez aprovar, no Congresso, seis projetos de lei, reformulando diversos aspectos do poder judiciário, a começar pelo Conselho da Magistratura. Este foi ampliado de 13 para 19 membros, cuja designação se deveria dar, não mais por nomeação, mas por eleição direta de cada um deles, da mesma forma como ocorria com os deputados e outros cargos eletivos.

Outro ponto importante era a limitação da concessão de medidas cautelares (liminares) contra o Estado, aquele inefável instrumento que, acionado por qualquer juiz, mesmo de primeira instância, pode revogar, praticamente, qualquer lei ou ato do executivo, por prazo indeterminado. Pela nova lei, as cautelares ficariam limitadas a cinco por ano e teriam uma validade máxima de seis meses. Um dos maiores escândalos de abusos, nesta matéria, citados por Cristina, foram as cautelares do Grupo Clarín, as quais inviabilizaram, ao longo de cinco anos, grande parte da aplicação da Lei da Mídia. A nova lei exigia, ainda, que os juízes e os deputados e senadores fossem obrigados a publicar suas declarações de imposto de renda, o que até ali só era exigido para os membros do poder executivo. Finalmente, eram criadas três novas câmaras de cassação, para desafogar milhares de processos que se acumulam na estrutura judiciária.

Novamente, uma chuva de liminares impediria a aplicação de quase todos os novos dispositivos em vigência, porque aprovados pelo Congresso e sancionados pela presidência da República. Por fim, a Suprema Corte, por decisão de seis de seus sete ministros, botou abaixo a reforma no Conselho da Magistratura e a designação de seus membros através de voto popular.

Em seu livro *Sinceramente*, Cristina Kirchner critica: "Cerca de uma dezena de juízes declararam a inconstitucionalidade de toda a parte da lei de cautelares. E o fizeram... para poder ditar mais cautelares contra a reforma do Conselho da Magistratura, sem ter de notificar o Estado. Verdadeiramente escandaloso".

A Suprema Corte, que, no governo Menem, sofria forte influência da Casa Rosada e dos grupos de mídia, já havia passado por uma limpeza, no primeiro ano de Néstor Kirchner, através de julgamentos políticos (*impeachment*), processados no congresso. Estes resultaram no afastamento da quase totalidade de seus ministros, em decisões democráticas e, amplamente, apoiadas pela população. Mesmo assim, a Corte, continuou a coonestar a maioria das ações de juízes contra decisões governamentais, muitas consideradas de alto interesse do país. Uma medida cautelar (liminar), de autoria da juíza Maria José Sarmiento, por exemplo, suspendeu dois Decretos Nacionais de Urgência (DNU): o primeiro, criando o Fundo Bicentenário, pelo qual se utilizava parte das reservas cambiais para pagar a dívida externa; e o outro destituindo o presidente do Banco Central, Martín Redrado, que, afrontosamente, havia se recusado a dar cumprimento àquela decisão de criar o fundo e liberar o dinheiro para a dívida. A juíza, que teve depois sua sentença ratificada pela Câmara de Contencioso Administrativo, de instância superior, também ordenara a restituição de Redrado, demitido pouco antes por Cristina, ao posto de presidente do BC. A presidenta recorreria e ganharia da juíza, mas só depois de quase um mês de crise.

O Fundo Bicentenário, que utilizaria US$ 6.569 bilhões dos excedentes do Banco Central, era uma medida revolucionária, porque reduzia drasticamente os juros da dívida que esperavam cobrar as financeiras multinacionais. Tal medida, no entanto, conflitava com um setor até então inexpugnável, porque, firmemente, controlado pelos bancos e governos das grandes potências, ainda que se tratasse de patrimônio nacional. Por isso, era contestada pelos grupos nacionais concentrados, como o sistema financeiro, mídia, ruralistas grandes negócios e a oposição parlamentar. Todos esses setores poderosos, tradicionalmente beneficiados, diretos ou indiretos, dessas transações, estavam empenhados na contratação de mais empréstimo externo, sempre cobrado, a juros altíssimos. Esta, aliás, era a prática comum dos outros governos conservadores, inclusive os últimos peronistas, sempre subordinados aos reclamos e condicionamentos dos grupos internacionais. Tal prática transformou-se, igualmente, na principal causa da derrocada econômica do governo conservador de Maurício Macri, que, nas eleições presidenciais de 2015, derrotou Daniel Scioli, o candidato de Cristina. Pouco depois, promoveu a maior política de endividamento do país, nos tempos modernos, quebrando o país e submetendo-o ao FMI.

Martín Redrado, até então um funcionário disciplinado e que presidia o BC desde o início do governo de Néstor, resolveu insubordinar-se, no que foi amplamente respaldado pela mídia, desacreditando a presidenta. O governo, então, detectou, naquela atitude, "uma tentativa de desestabilização econômica e institucional", em combinação com o vice-presidente da República Julio Cobos, o qual também tinha a prerrogativa constitucional de presidir o Senado. Cobos, naquele momento, já havia mergulhado de cabeça na conjura contra Cristina, juntamente com outros 16 senadores da oposição.

Cobos utilizava o alardeado conceito da autonomia do Banco Central, que deve estar acima de qualquer governo, porque dependente dos banqueiros, e da intocabilidade das reservas: "A partir de agora", dizia ele, "cada vez que alguém destituir um presidente do Banco Central e tocar nos fundos do BC, vão ter de consultar o Congresso".

Cristina Kirchner, no entanto, confrontou Redrado e seus apoiadores, conquistando, para isso, o apoio da nação, e de setores importantes, como o presidente da Associação de Bancos da Argentin (Adeba), Jorge Brito. E, como desfrutava de maioria no Parlamento, obrigou-o a renunciar, tendo seu substituto, Mercedes Marcó del Pont, restabelecido o Bicentenário e a política nacional de desendividamento (*desendeudamiento*).

Martín Redrado teve seu minuto de fama, virou herói midiático, chegando a ser cogitado como candidato a presidente da República, mas tinha fôlego curto: perdeu feio como candidato a deputado, retornando, em seguida, às suas aventuras no *high society* argentino.

Não obstante, a justiça, respaldada pelos apoios fáticos, continuou tão intocável quanto antes, no governo Menem, quando era classificada como das mais corruptas do continente.

Talvez uma parcela de culpa possa ser atribuída ao casal presidencial ou especificamente à presidenta, uma advogada e parlamentar que poderá ter-se excedido em seus brios legalistas. A culpa pode igualmente ser atribuída ao clamor de justiça, imperante na época. O poder judiciário, tradicionalmente carimbador das atrocidades cometidas, tanto pelas ditaduras como pelos abusos dos governos democráticos, estes na maioria, de cunho neoliberal, tinha péssima reputação no grande público.

Quando Kirchner chega ao poder em 2003, o país já havia passado, no período Menem, o peronista responsável, com suas privatizações selvagens e abertura indiscriminada para o estrangeiro, pela maior sangria econômica já produzida pelo governo na Argentina. Para proteger seu programa anti-nacional, o presidente Carlos Menem acobertou abusos indiscriminados, como os praticados na ditadura, patrocinando ou estimulando leis para que os culpados pela repressão e morte de cerca de 30 mil argentinos não fossem alcançados pelos processos.

Como se recorda, Néstor, como presidente da República, e Cristina, na qualidade seu principal porta-voz no Parlamento e na opinião pública, empenhou-se pela derrogação daquelas leis e da reforma da Suprema Corte, quando foram substituídos quase todos os seus ministros.

O problema é que a nova legislação encaminhada por Kirchner e afinal aprovada pelo Congresso, para o gáudio da nação, previa que os ministros da Corte só poderiam ser indicados ou afastados mediante processo que contasse com dois terços de cada casa legislativa e não a maioria simples, como ocorria no passado. Ora, isso num regime de democracia plena, como no período kirchnerista, tal *quórum* é impossível de ser obtido, inclusive porque as maiorias parlamentares são sabidamente influenciadas pelo poder econômico e os meios de comunicação.

Nas celebrações do 40° aniversário da morte de Perón, em primeiro de julho de 2014, Cristina fez também uma homenagem aos 81° do desaparecimento do presidente nacionalista Hipólito Yirigoyen, deposto, em 1930, pelas mesmas forças conservadoras que depuseram Perón e que então assediavam a presidenta.

No final de seu discurso, Cristina lembrava a incolumidade do poder judiciário, sempre preservado pelos movimentos insurrecionais, ao contrário dos poderes executivo e legislativo, que eram inapelavelmente atropelados pelos surtos golpistas.

Dizia a presidenta: "De fato, o judiciário foi o único poder que nunca sofreu qualquer derrota, que foi sedimentado em camadas. Foi ele que estabeleceu como doutrina judicial que os golpes (de Estado) eram válidos e legítimos na República Argentina. Não foram os partidos políticos populares, não fomos os políticos, tão insultados, tão vilipendiados, tão caluniados. Foram os juízes, foram promotores, foi o Poder Judiciário da Nação que validou a doutrina dos golpes de Estado.

"É bom que isso seja lembrado", continuava, "em todos os momentos, porque sempre aqueles que têm que revalidar títulos, e o fazemos, legitimamente, perante as pessoas, são aqueles que estão na primeira magistratura (presidência da República), ou que ocupam seus lugares na Câmara de Deputados, no Senado, nas Assembleias Legislativas, nas prefeituras, nas Câmaras Municipais, que validam seus títulos a cada dois anos ou a cada quatro, de acordo com seu mandato. É o povo que os elege e os coloca nos cargos".

XXXIV
Três tragédias de trens

EM 16 DE JUNHO DE 2017, CRISTINA JÁ ERA EX-PRESIDENTA HAVIA UM ano e sete meses. Fato insólito ocorre com um de seus advogados, numa noite fria da capital, época em que a temperatura mínima média é de oito graus. Gregório Dalbón, 51 anos, porte elegante, irreverente, polêmico e midiático, toma um táxi por volta das 00:30 hs na esquina da rua Rodríguez Peña com Avenida Las Heras, na Recoleta. Ele havia jantado em apartamento de amigos.

Passados alguns minutos da corrida, o taxista engata uma conversa, perguntando, de súbito, se Dalbón era o Dalbón mesmo, ou seja, advogado da Kirchner. Dálbón confirma e surpreende-se com a agressividade de outra pergunta à queima roupa: "Como é que você pode ser advogado daquela corrupta?".

Tenta explicar, calma e educadamente, observando que Cristina é um personagem público e, como tal, sujeito a incompreensões e objeto das paixões de amor e ódio. E confessa que confia na honestidade da ex-presidenta em relação às denúncias que contra ela constantemente pipocavam na imprensa, Até ali, como ressaltou, nenhuma delas havia sido comprovada.

"Vou te matar", irrompeu, transtornado, o taxista, parando o veículo e mandando o advogado descer. Dalbón tentou fazer-lhe entender que já era noite alta, o frio era enregelante. Fosse como fosse, o motorista tinha o dever funcional de levá-lo ao destino indicado, a esquina entre as ruas Talcahuano e Córdoba.

Sem aceitar a argumentação, o taxista para o carro, abandona o volante, abre a porta do passageiro, e parte para cima do advogado socando-lhe ferozmente no rosto e outras partes do corpo. Depois, o arranca do carro, deixando-o ao relento, com vários traumatismos no rosto, pescoço e mãos, o que o obriga a hospitalizar-se (Sanatorio Finochietto), onde fica internado até o meio da manhã.

Interrompendo brevemente este relato, observemos que Gregório Dalbón, antes de ter sido contratado por Cristina, em 2016, era defensor da causa de cerca de 400 das mais de 789 vítimas do emblemático acidente de trem da Ferrovia Sarmento, em 2012. Naquilo que ficou conhecido como a Tragédia do Onze e ocorrido, em 22 de fevereiro daquele ano, ainda deixou 52 mortos, inclusive uma criança por nascer.

Onze (*Once*) é referência à vetusta e ainda muito utilizada Estação Onze de Septiembre, inaugurada no distante 1882. Situada no bairro Balvanera, a oeste do centro financeiro, abriga, além de serviços ferroviários urbanos, outros de ônibus e de trens do metrô. Por mais chocante e dolorosa que parecesse, esta tragédia não pararia aí. Mais dois graves, cruentos e misteriosos acidentes ferroviários se sucederiam num espaço dali a apenas 20 meses, – o da estação Castelar, em 13 de junho de 2013, com um saldo de três mortos e 300 feridos, e outro, novamente, na mesmíssima Onze, em 19 de outubro de 2013, com 99 feridos, dos quais cinco com gravidade.

No primeiro acidente, de fevereiro de 2012, na Estação Onze, o trem número 3772, placa 16, com oito vagões, vinha de Moreno, cidade da área metropolitana, a 36 km a oeste da capital. Ocorreu às 08:33 da manhã, horário de pico de uma segunda-feira, quando as pessoas são quase ejetadas do trem e correm esbaforidas para não se atrasar no trabalho.

Naquela viagem, 1.200 pessoas se apinhavam nos oito vagões, quando a composição se aproximou, sem frear, da plataforma 2, colidindo de frente com os pára-choques de contenção. No impacto, os três vagões da frente se imprensaram, tendo um deles entrado seis metros dentro do próximo. 52 pessoas morreram no ato e 702 ficaram feridas. O maquinista, Marcos Antonio Córdoba, que nada sofreu, abandonou o trem, sem prestar ajuda aos acidentados.

Os três desastres tinham em comum a negligência de os respectivos maquinistas (*motormen*) não haverem freado o trem antes de chegar às estações. Igualmente, os três desobedeceram e avançaram sinais de advertência, além de trafegarem em velocidade acima do permitido. A mídia, interessada em fazer sensacionalismo e jogando criminosamente com a dor das famílias enlutadas, subestimava esses detalhes, todos registrados pelas câmeras. Concentrava-se nas irregularidades da administração das ferrovias, que estava sob a responsabilidade do governo nacional, o qual acusava de estar acobertando corruptos.

Não importava que o trem Nº 3772, da linha Sarmiento, identificado com a folha 16, que chegava à plataforma número 2 da estação terminal da Once, por exemplo, não detivesse sua marcha e colidisse com os pára-choques.

No último dos acidentes, o maquinista Julio Benítez foi surpreendido pelas câmeras ao danificar e depois roubar o disco rígido, onde estavam as gravações em vídeo de todo o percurso. Outros vídeos comprovaram que Benítez não tinha freado a composição, a qual conduzia em velocidade acima do normal, ao aproximar-se da plataforma, razão do choque com outro trem, que se encontrava à sua frente.

Resultando ileso, o *motorman* tentou escapulir, mas foi flagrado e agredido por passageiros revoltados com a sorte de outros 99 feridos, dos quais cinco em estado grave. Como o *motorman* do trem do segundo acidente do Onze, o taxista de Dalbón, naquela noite, escafedeu-se, abrigando-se na impunidade (?).

Havia ainda a agravante de que Dalbón atribuía os três desastres ferroviários a uma manobra destinada a desestabilizar o governo: "A tragédia foi uma armação mafiosa que pretendia mandar um recado ao governo e saiu desastrosamente mal", disse Dalbón[34]. Era uma tese que parecia fazer sentido, a julgar pelo furor das manchetes da grande mídia, insistindo em culpar a presidenta, em um frenesi quase diário, a partir do primeiro acidente da Onze até muito depois do final do mandato de Cristina, em 10 de dezembro de 2015.

Como os atentados a redes elétricas, os cortes de estrada e os saques a supermercados, os três desastres quase programados dos trens, pareciam carregar o DNA da motivação política. A oposição, desfrutando da blindagem e do engajamento da mídia hegemônica e da impunidade judicial, não titubeava em lançar mão de atos extremos para infernizar a vida do governo. Não chegava ao paroxismo da sua correspondente na Venezuela, que ateava fogo em manifestantes, incendiava universidades e creches infantis e explodiam refinarias, mas parecia dar sinais de partir para o mesmo extremismo, como demonstram os três acidentes de trem.

Quando se acidentou, numa véspera do carnaval de 2012, a composição, de oito vagões conduzia 1.200 pessoas, ou seja, estava apinhada de gente. Vinha de Moreno, cidade-subúrbio a 39 quilômetros de Buenos Aires. Todos os documentos oficiais, incluindo gravações de vídeos a partir de câmeras instaladas em pontos estratégicos da estação e da ferrovia, indicam que o maquinista ignorou as regras de contenção de velocidade, frenagem e observação dos semáforos. Depois do acidente, abandonou o trem e foi embora. Cristina foi, impiedosamente, responsabilizada por uma crítica insana e poderosa, por estas e outras tragédias, quando tudo faz crer que elas foram produto mais de paixões e motivações políticas voltadas para tumultuar e inviabilizar seu governo. Mas arrostou todas elas e volta novamente ao cenário, cada vez mais credenciada a resgatar a Argentina desta última recidiva neoliberal.

---

[34] "O que se passou realmente na Tragédia do Onze, por Gregorio Dalbón https://laresistencianoticias.com.ar/noticia/280/que-paso-realmente-en-la-tragedia-de-once-por-gregorio-dalbon

Siglas

AFC – Agência Federal de Comunicações
AFSCA – Autoridade Federal de Servicios de Comunicação Audiovisual
CFCA – Conselho Federal de Comunicação Audivisual
CGT – Confederación General del Trabajo de la República Argentina
CELS – Centro de Estudos Legais e Sociais
CEPAL – Comissão Econômica para a América Latina e o Caribe
CONICET – Consejo Nacional de Investigaciones Científicas y Técnicas
CONINAGRO – Confederaciones Rurales Argentinas (Cooperativas)
CTA – Central de Trabajadores de la Argentina
DEA – Drugs Enforcement Administration
DNU – Decreto de Necessidade e Urgência
ENACOM – Ente Nacional de Comunicações
FAA – Federación Agraria Argentina
FADEA – Fábrica Militar de Aviões
FBI – Federal Bureau of Investigation
FREPASO – Frente País Solidário
H.I.J.O.S. – Hijos por la Identidad y la Justicia contra el Olvido y el Silencio
IED – Inversión Extranjera Directa
(CGT e CTA), pela que agrupa os empresários industriais, e pela CONINAGRO, que agrupa as cooperativas rurais
JP – Juventude Presente
MTD – Movimentos de Trabalhadores Desocupados
SIFEMA – Sistema Federal de Medición de Audiencias
SRA – Sociedad Rural Argentina
TNT – Tontos pero no Tonto
UIA – União Industrial Argentina
UCR – União Cívica Radical

Agradecimentos

Não poderia terminar este trabalho sem agradecer a preciosa ajuda dos amigos, brasileiros e argentinos, que me incentivaram na sua consecução. São eles: Andrea Holgado, colega jornalista e professora da Universidade de La Plata; Beto Almeida, fundador e membro da direção da Telesur; Edgardo Esteban, correspondente da Telesur e ex-combatente da guerra das Malvinas; Gabriel, Gustavo e Guilherme Leite, meus filhos, que me salvaram nas intricadas questões de informática; Helena Iono, correspondente em Buenos Aires do site Brasil247; José Carlos Venâncio, que, como editor, primeiro, da Global, depois, da Aquariana, e, agora, Editora OKA, viabilizou todos os meus quatro livros, incluindo este; e Viriato Gomes, advogado e articulista, que me socorreu no aperfeiçoamento estilístico do texto.

Bibliografia

Livros em papel

ALMEIDA, Hamilton. *Sob os olhos de Perón. O Brasil de Vargas e as relações com a Argentina*. Editora Record. Rio de Janeiro. 2005.

BORÓN, Atilio A. *América Latina em la geopolítica del imperialismo*. Ministério del Poder Popular para la Cultura. Carcas. 2012.

CARNEIRO, Glauco. *Lusardo. O Último caudilho. Entre Vargas e Perón.* Nova Fronteira. Rio de Janeiro. 1978.

CASTAÑEDA, Matías. GALLEGOs, Ernesto. GURBANOV, Andrés. *Kirchnerismo para armar. Veinesís miradas jóvenes sobre el movimento político que cambió la Argentina.* Peña Lillo. Ediciones Continente. 2011.

COX, David. NABOT, Damián. *La segunda muerte. Quiénes, como y por qué robaron las manos de Perón*. Planeta. 2006.

D'ANCONA, Matthew. *Post-Truth. The new war on truth and how to fight back.* Ebury Publishing. Edição do Kindle. 2017.

DIMARCO, Laura. *Cristina Fernández, la verdadeira história*. Sudamericana. 2014.

DIRCEU, Zé. *Zé Dirceu*. Geração Editorial. Edição do Kindle. São Paulo. 2019.

FERNÁNDEZ DE KIRCHNER, Cristina. *Uma política exterior soberana. Colihue.* Instituto Patria. Buenos Aires. 2019.

GALASSO, Norberto. *De Perón a Kirchner. Apuntes sobre la História del peronismo*. Editorial Punto de Encuentro.

GIUSSANI, Pablo. *Montoneros, La sobierba armada*. Editorial Sudamericana. Buenos Aires. 2011.

LEITE, Paulo Moreira. A outra história da Lava-Jato. *Uma investigação necessária que se transformou numa operação contra a democracia*. Geração Editorial. São Paulo. 2015

MARTÍNEZ, Thomás Eloy. *Las Memórias del General*. Planeta. Buenos Aires. 1996.

MARTÍNEZ, Thomás Eloy. *La Novela de Perón*. Planeta Bolsillo. Buenos Aires. 1996.

MARTÍNEZ, Thomás Eloy. *Santa Evita*. Tradução de Sérgio Molina. Companhia das Letras. São Paulo. 1996.

MARTINS, Mario Peron. *Um confronto entre a Argentina e o Brasil*. Editora Getúlio Costa. Rio de Janeiro. 1960.

MONIZ BANDEIRA, Luiz Alberto. *Conflito e integração na américa do Sul. Brasil, Argentina e Estados Unidos. Da Tríplice Aliança ao Mercosul. 1870-2003.* Editora Revan. Rio de Janeiro. 2003.

MORALES, V. H. LACLAU, E. ALEMÁN, J. CARLÉS. G A. *Qué es el kirchnerismo. Ecrios desde uma época de Cambio*. Peña Lillo. Ediciones Continente. 2011.

POSADAS, J. *El Peronismo, Su origen, desenvolvimento y actualidad*. Ediciones Ciência y Política. Bruxelles, Belgique. 2009.

PAGE, Joseph. *Perón. Uma biografia*. Hojas Nuevas y Grijalbo Mondagtorfi. Buenos Aires. 1999.

POSSE, Abel. *Noche de los Lobos*. Planeta.

ORTIZ, Alicia Dujovne. *Eva Perón, a madona dos descamisados*. Tradução de Clóvis Marques, Editora Record. Rio de Janeiro. 1997.

PERÓN, Eva. *Por qué soy Peronista. Y las fuerzas espirituales del Peronismo*. CS Ediciones. 1966.

PERÓN, Juan D. *História de uma traición. Rueda y Brachet* – Cota Editores. Buenos Aires. 1983.

PERÓN, Juan. *Tercera Posición y Unidad Latinoamericana. Selección y introducción de Fermin Chavez*. Edigtorial Biblos. Buenos Aires. 1966.

SANTAYANA, Mauro. *Tragédia Argentina. Poder e violência. De Rosas ao Peronismo*. Livraria Francisco Alves. Rio de Janeiro. 1976.

SCHULIAQUER, Ivan. *El poder de los médios. Seis intelectuales en busca de definiciones*. Capital intelectual. 2014.

WALSH, Rodolfo. *"Operación Masacre"*. Ediciones de la Flor. Buenos Aires. 2011.

WOLNART, Olga. *Cristina. La vida pública y privada de la mujer más poderosa de la Argentina*. Planeta. 2010.

YOFRE, Juan B. *1982 – Los Documentos Secretos de la Guerra de Malvinas y el Derrumbe del Proceso*. Sudamericana. Buenos Aires. 2011.

ZUNINO, Edi. *Patria o Medios*. Sudamericana. Buenos Aires. 2009.

FERNÁNDEZ DE KIRCHNER, Cristina. *Una política exterior soberana. Colihue*. Instituto Patria. Buenos Aires. 2019.

Livros eletrônicos (e-book)

AMORIM, Celso. *Acting Globally: Memoirs of Brazils Assertive Foreign Policy*. Hamilton Books. Edição do Kindle.

ASSANGE, Julian. *Autobiografía no autorizada*. Tradução de Henrique Murillo. Sin Fronteiras. iBooks. Barcelona. 2012.

CLINTON, Hillary Rodham. *Hard Choices*. Simon & Schuster. New York. Kindle. 2014.

CLINTON, Hillary Rodham. *What Happened?*. Simon & Schuster. Edição do Kindle. 2017.

DI MARCO, Laura. *La Cámpora*. Sudamericana. iBooks. Buenos Aires. 2012.

ECO, Humberto. *Número Zero*. Tradução Ivone Benedetti. Editora Record. Rio de Janeiro. iBooks.2015

EPSTEIN, Edwar Jay. *How America lost its secrets. Edward Snowden, the man and the theft*. Vintage Books. iBooks. New York. 2017.

FERNÁNDEZ DE KIRCHNER, Cristina. *Sinceramente* (Spanish Edition). Penguin Random House Grupo Editorial Argentina. Edição do Kindle. 2019.

GRIMENSON, Alejandro. *¿Qué es el peronismo? De Perón a los Kirchner, el movimiento que no deja de conmover la política argentina* (Singular) (Spanish Edition). Siglo XXI Editores. Edição do Kindle. 2019.

IGLESIAS, Fernando. *Kirchner & Yo. Por qué no soy kirchnerista*. Sudamericana. iBooks. 2012.

KING, M S. *The War Against Putin: What the Government-Media Complex Isn't Telling You About Russia*. Edição do Kindle.

MORALES, Víctor Hugo. *Audiência com el Diablo. Retrato de uma época de política, periodismo y poder Aguilar*. iBooks. Buenos Aires. 2014.

MORALES, Víctor Hugo. *Mentime que me gusta* (Spanish Edition). Penguin Random House Grupo Editorial Argentina. Edição do Kindle. 2019.

NATANSON, José. *Por qué los Jovens estan volviendo a la Política? Debate*. iBooks. Buenos Aires. 2012.

NETTO, Wladimir. *Lava Jato. O juiz Sérgio Moro e os bastidores da operação que abalou o Brasil. Primeira Pessoa*. Edição do Kindle. 2016.

O'DONNELL, Santiago. *PolitiLeaks*. Sudamericana. Título CDD 070.4. iBooks. Buenos Aires. 2014.

RUSSO, Sandra. *Fuerza Propria. La Cámpora por dentro. Debate*. Buenos Aires. iBooks. 2014.

RUSSO, Sandra. *La Presidenta. Historia de una vida*. Sudamericana. Buenos Aires. iBooks. 2011.

WOLF, Michel. Fire and Fury. First Picador Edition. January. iBooks. New York. 2019.

SARLO, Beatriz. *La audacia y el cálculo. Kirchner 2003-2010*. Sudamericana. iBooks. Buenos Aires. 2011.

Silletta, Alfredo. *La Patria sublevada. De Perón a Kirchner (1945-2010)*. Spanish Edition. Edição do Kindle.

SOLA, Joaquín Morales Solá. *Los Kirchner. La política de la desmesura (2003-2008) Compilación de Bartolomé de Vedia*. Sudamericana. iBooks. 2012.

ZANATTA, Loris. *Eva Perón. Uma biografia política*. Traducción de Carlos Catroppi. Sudamericana. iBooks. Buenos Aires. 2011.

Fontes de consulta

Jornais e revistas

Brasil de Fato, Carta Capital, Carta Maior, Época, Estadão, Folha de S. Paulo, Isto é, Jornal do Brasil, O Globo, Veja, Zero Hora (Brasil).

Clarín, El Argentino, El Tiempo Argentino, La Nación, Página 12 (Argentina).

Sites e Blogs

Brasil247, Brasil de Fato, Carta Maior, Cfkargentina, Café na Política, Conversa Afiada, Desacato.info, Eldestape, Instituto Patria, Jornal GGN.

Nocaute, Opera Mundi, Revolución Popular, Rede TVT, Vi o Mundo.

TVs e rádios

Rede Bandeirantes, RBS, Rede Globo, TV Brasil, TVT (Brasil)

BBC, C5N, CBN, CNN, France24, Globovisión, Hipantv, PressTV, Telesur, TN, TV5, TVE, TV Pública da Argentina,

Depoimentos

Agustin Rossi – ex-ministro da Defesa
Andrea Holgado – jornalista e professora da Universidade Nacional de La Plata
Beto Almeida – jornalista e ativista brasileiro (Telesur)
Carlos Tomada – ex-ministro do Trabalho
Diego Brant – marqueteiro político
Helena Iono – correspondente brasileira em Buenos Aires
Edgardo Esteban – correspondente da Telesur em Buenos Aires
Juliana Marino – ex-embaixadora em Cuba
Maria Del Carmen – líder sindical
Miguel Nuñez – ex-porta-voz de Néstor e Cristina
Raúl Zaffaroni – ex-ministro da Suprema Corte
Víctor Hugo Morález – jornalista e combatente da mídia hegemônica

Sobre o autor

Francisco das Chagas Leite Filho, repórter e analista político, nasceu em Sobral – Ceará, em 1947. Lá fez seus primeiros estudos e começou no jornalismo, através do rádio, aos 14 anos. Aos 18, seguiu para Fortaleza, onde, também atuando no radio-jornalismo, terminou o segundo grau e fez o primeiro ano de jornalismo na Universidade Federal do Ceará – UFC. Mudou-se em seguida para Brasília. Aí residindo, desde 1968, e onde terminou seu curso na UnB, em 1970, militou nos principais jornais – *Correio Braziliense*, *Diário Popular* (SP), *Estado de Minas*, *Jornal do Brasil*, *Correio do Povo* (RS), *O Globo* e *Folha de S. Paulo*. Começou na reportagem de cidade, depois cobriu Educação, de onde foi deslocado, em 1974, para a cobertura do Congresso e Poder Executivo. Entre 1977-78, atuou como correspondente do *Correio Braziliense*, em Londres. Daí para cá, alternou sua atuação na mídia pública e privada e na análise política, trabalhando como assessor político do PDT e de Leonel Brizola, a partir de 1988, até que lançou o blog Café na Política (cafenapolitica.com.br), em novembro de 2008. Em 2009, lançou seu canal de análise política no Youtube É igualmente autor de três livros: Brizola Tinha Razão, em 1987, "El Caudillo Leonel Brizola – Um Perfil Biográfico", em junho de 2008, "Quem Tem Medo de Hugo Chávez?", em novembro de 2012. Os livros foram editados pelo editor José Carlos Venâncio, primeiro pela Editora Global e depois pela Editora Aquariana, de São Paulo.

Índice onomástico

A
Ação Republicana, 111
Ace Paster, 194
Adolfo Pérez Esquivel, 117
Adolfo Rodríguez Saá, 42
Aécio Neves, 187
Aerolineas Argentinas, 29, 35, 36, 59
Agência Federal de Comunicações, 162, 223
Agustín Rossi, 116, 228
Alberto Fernández, 9, 10, 96, 97, 98, 104, 147
Alberto Nisman, 175, 177
Alberto Nogués, 210
Alejandro Monge, 85
Alejandro Olmos, 109
Alexander Haig, 209
Aliança Anticomunista Argentina, 25
Allis Chalmers, 209, 210
Almirante Irizar, 123
Alto Comando, 121
Amado Boudou, 117
América Latina, 10, 20, 30, 36, 37, 66, 67, 68, 87, 95, 99, 104, 129, 131, 139, 205, 212, 213, 223
AMIA, 75, 175, 177, 178
André Pasti, 162, 163
Andrea Holgado, 26, 148, 224, 228
Ángelo Alcaterra, 73
Aníbal Fernández, 155
Arábia Saudita, 128
Assembleia Geral, 32, 128
Associação Mutual Israelense Argentina, 75, 175, 177, 178
Atílio Stornelli, 87
Atlântico Norte, 130
Atlântico Sul, 119, 130, 131
Aurelius, 194
Austral, 38, 110, 185
Austral Líneas Aéreas, 36
Aviação Naval, 21
Axel Kiciloff, 178, 179, 187

B

Banco Central, 45, 112, 135, 215, 216
Banco Europeu, 110
Banco Felton, 175
Banco Mundial, 26, 30, 31, 110, 138
Bandeirantes, 91, 228
Barak Obama, 133, 198, 199, 200, 205, 207
Bartolomé Mitre, 150
Bergoglio, 134, 136, 137, 138, 139, 140, 141, 142, 143
Bernardo O'Higgings, 75
Beto Almeida, 20, 224, 228
Bill Clinton, 95, 206
Bill Gates, 164
Blue Angel, 194
Braden Copper Company, 208
Braden ou Perón, 23, 207

C

Cablevisión, 163
Caderno de Corach, 89
cadernos, 72, 87, 88
Calafate, 13, 15, 16, 74, 75, 202
Câmara de Construção Argentina, 185
Carlos Andrés Pérez, 54
Carlos Chacho Álvarez, 42, 77, 111
Carlos Menem, 19, 24, 26, 35, 36, 42, 76, 89, 106, 108, 109, 110, 111, 116, 134, 145, 149, 217
Carlos Rosenkrantz, 165
Carlos Stornelli, 73, 87, 88
Carlos Tomada, 166, 167, 228
Carlos Zanini, 117
Carta Capital, 162, 228
Carta Maior, 175, 228
Casa Rosada, 12, 15, 16, 24, 27, 33, 48, 49, 57, 107, 135, 138, 141, 145, 148, 155, 171, 172, 188, 190, 201, 215
Celestino Rodríguez, 25
CELS, 115, 117, 223
Celso Amorim, 124
CEPAL, 30, 223
César Milani, 116, 117
Chicago Boy, 149
CIA, 25, 121, 126, 206, 207

Ciberdefesa, 7, 121, 122
Clarín, 27, 73, 84, 110, 141, 143, 152, 155, 157, 158, 159, 163, 164, 165, 166, 170, 171, 173, 174, 175, 176, 177, 178, 179, 181, 188, 193, 194, 199, 202, 214, 228
Claudio, 151
Claudio Bonadio, 71, 87, 88, 89
Clínica Favaloro, 47, 48, 185, 201
Coalizão por uma Radiodifusão Democrática, 148, 153
Collin Power, 151
Comissão Econômica para a América Latina e Caribe, 30
Comodoro Py, 78
comunismo, 21
CONICET, 35, 36, 223
Conrado Pappalardo Zaldívar, 210
Consejo Nacional de Investigaciones Científicas y Técnicas, 35, 36, 223
corralito, 14, 17, 27, 33, 41, 43, 112, 191, 192
Corriere della Sera, 79
Cristina Kirchner, 9, 15, 44, 71, 79, 85, 87, 95, 98, 102, 103, 104, 113, 121, 147, 153, 159, 161, 170, 179, 195, 210, 213, 214, 216

D

Dan Pollacko, 189
Daniel Ortega, 100, 102
Daniel Santoro, 175
Daniel Scioli, 147, 216
Dart, 194
David Mulford, 112
David Rockefeller, 108
De Gaulle, 105
DEA, 89, 223
Débora Maibares, 89
Decretos Nacionais de Urgência, 45, 163, 215, 223
Deltan Dallagnol, 87, 90, 91, 92, 121
Democracia Cristã, 144
Dia da Lealdade Peronista, 48
Diego Brant, 97, 228
Diego Cabot, 72, 88
Dilma Rousseff, 15, 51, 90, 100, 102, 168, 186, 213
Direitos Humanos, 56, 58, 109, 115, 116, 117, 119, 136, 146, 157, 168
DNU, 45, 163, 215, 223
Domingo Cavallo, 17, 89, 108, 110, 111, 180
Donald Trump, 95, 104, 133, 197
Drugs Enforcement Administration, 89, 223

E
Early Antony Wayne, 206
Ed Zunino, 151
Eduardo Camaño, 42, 107
Eduardo Duhalde, 19, 24, 27, 32, 42, 56, 106, 107, 108
Edward Snowden, 121, 226
Efeito Jazz, 32
El Chapel, 74
Elisa Carrió, 184
Elliot, 194
Enacom, 163, 223
Enrique Peña Nieto, 103
Ente Nacional de Comunicações, 162, 163, 223
Escribano, 151
Estação Onze, 220
Estadão Verifica, 85
Estados Unidos, 21, 22, 23, 24, 25, 26, 52, 68, 89, 95, 103, 110, 117, 121, 124, 126, 130, 131, 133, 143, 145, 151, 164, 175, 178, 187, 188, 192, 194, 195, 198, 205, 207, 208, 209, 210, 225
Estela de Carlotto, 117
Eunice Atueijide, 85
Eva Perón, 21, 190, 226, 227
Evita, 21, 44, 61, 78, 212, 225
Evo Morales, 51, 100, 102

F
Fábrica Militar de Aviões, 29, 35, 36, 122, 123, 223
FADEA, 29, 35, 36, 122, 123, 223
Fernando de la Rúa, 14, 27, 35, 41, 42, 43, 106, 107, 108, 111, 149
Fernando Henrique Cardoso, 194
Fernando Lugo, 102
FG Hemisphere, 195
Fidel Castro, 67, 68, 99
Financial Times, 194
Florencia Kirchner, 16, 71, 72, 73
forças armadas, 115, 116, 117, 118, 119, 122, 123, 124, 127
Fragata Libertad, 192
Frei Caneca, 65
FREPASO, 77, 111, 223
Fundação Friedrich Ebert, 167
Fundo Bicentenário, 215

G
Gelbard, 25
George Bush (pai), 195
Gilmar Mendes, 91
Glenn Greenwald, 90, 121, 122
GOU, 207
Gregório Dalbón, 219, 220, 221, 222
Grupo Convergência, 171
Grupo de Oficiais Unidos, 207
Guillermo Karcher, 140,141
Gustavo Durán, 208

H
Hebe Bonafini, 117
Hector Câmpora, 10, 24, 25
Hector Timerman, 187
Helena Iono, 104, 224, 228
Hermes Binner, 184
Hillary Clinton, 205
Hipólito Yrigoyen, 23, 78
Horacio Cartes, 102
Horacio Rosatti, 165
Horacio Verbitski, 117
Hospital Otamendi, 186
Hotel Meliá, 186
Hotel Sur, 74
Hugo Chávez, 51, 54, 55, 65, 69, 99, 100,101, 148, 175, 176, 183, 184, 186, 206, 212, 229
Hugo Moyano, 147

I
Ilhas Caymán, 175
Ilhas Malvinas, 102, 129, 130, 132
Inglaterra, 118, 125, 126, 127, 128, 129, 132
Intercept, 87, 90, 91
Internacional Socialista, 42
Isabelita Perón, 24, 52
Ítalo Lúder, 27
Jair Bolsonaro, 10, 90, 95, 168
James Bond, 122
Jeane Kirkpatrick, 209
João Paulo II, 144, 187

Joe Biden, 187
Jorge Abelardo Ramos, 127, 128
Jorge Ballesteros, 109
Jorge Brito, 216
Jorge Lanata, 188
Jorge Tayana, 206
José Félix Uriburu, 23
José Ganza Paz, 23
José Luis Machnea, 111
José Martí, 65
José Martínez de Hoz, 108
Joseph Goebbels, 75
Jovem Pan, 91
Juan José Galeano, 74
Juan Manuel Santos, 102
Juan Pablo Cafiero, 140
Juliana Marino, 98, 103, 228
Julio Benítez, 47, 221
Julio Cobos, 32, 137, 216
Julio de Vido, 72, 88, 117, 172
Julio Nazareno, 77
Justiça Nacional Eleitoral, 63
Juventude Peronista, 59

K

Kenneth Dart, 194

L

La Câmpora, 178
La Nación, 23, 27, 72, 88, 110, 141, 143, 150, 151, 152, 164, 165, 173, 174, 181, 193, 199, 202, 203, 228
La Prensa, 23
Lava Jato, 71, 87, 90, 91, 92, 121, 213, 227
lawfare, 75, 143, 214
Lázaro Cárdenas, 52
Lei da Mídia, 148, 152, 155, 161, 162, 163, 164, 171, 214
Lei Nacional de Educação, 38
Lei Nacional de Radiodifusão, 152
Leon Panetta, 206, 207
Leonardo Coutinho, 175
Leonel Brizola, 20, 42, 66, 67, 229
Leopoldo Galtieri, 209

Ley de Medios, 62, 148
Lino Barañao, 35
Livro Azul, 23, 208
Livro Azul e Branco, 23, 208
López Obrador, 95, 103
López Rega, 19, 24, 25, 27, 52
Los Kirchner, 203, 204, 226, 227
Los Sauces, 74
Luís D'Elia, 117
Lula da Silva, 10, 15, 55, 100, 102, 121, 129, 213
Lupa.com, 85

M

Madelein Albright, 195
Madres de Mayo, 58, 117
Madres e Abuelas De Mayo, 59, 136
Magnetto, 84, 85, 164
Mao Tse Tung, 68
Marcelo Justo, 175, 176
Marcos Antonio Córdoba, 221
Marcos Peña, 163
Maria Del Carmen Iglesias, 38
Maria Estela Martínez, 24
Maria Gisia Faschieti, 80
Maria José Sarmiento, 215
Mario Poli, 140, 141
Martín Redrado, 45, 215, 216
Martín Sabbatella, 159, 162
Maurício Macri, 11, 15, 16, 51, 73, 78, 81, 84, 95, 97, 142, 147, 159, 161, 165, 216
Máximo Kirchner, 71, 175, 178, 179
Menem, 19, 24, 25, 26, 27, 29, 35, 36, 42, 47, 53, 76, 89, 106, 108, 109, 110, 111, 116, 122, 134, 145, 149, 167, 215, 217
Mercedes Marcó del Pont, 216
Michel Temer, 95, 213
Michelle Bachelet, 102, 187
Miguel Núñez, 32
Ministério Público, 87, 91, 92
Miro Teixeira, 170
Montoneros, 21, 25, 53, 225
Morval Bank, 175
Movimento Bolivariano, 54

Nações Unidas, 129, 199
Néstor Kirchner, 27, 32, 35, 37, 38, 43, 44, 55, 58, 61, 69, 73, 76, 97, 100, 101, 104, 108, 112, 115, 116, 127, 136, 148, 149, 164, 183, 203, 204, 211, 215
New York Times, 194
Ni Una a Menos, 168
Nicolás Casullo, 145
Nicolás Maduro, 100, 102, 184
Nilda Carré, 175
NML Capital, 194
Norberto Oyarbide, 74, 89
Nossa Senhora de Luján, 137
Novo Banco de Desenvolvimento, 186

O

O Segredo de Teus Olhos, 203
Obediência Devida, 116
ONU, 32, 79, 116, 128, 136, 142, 196, 198, 199, 209
Oscar Camillión, 209
Oscar Centeno, 72, 88

P

Pablo Giussiani, 21
Palácio Bosch, 208
Panama Papers, 78
Paolo Mieli, 80
Papa Francisco, 133, 140, 141, 187
Partido Democrata, 195
Partido Judicial, 163
Partido Socialista, 184
Pedro Dória, 86
Pedro Etchebest, 88
Pepe Mujica, 100, 102, 187
Peter Gossman, 195
Plano Cavallo, 110
Ponto Final, 116
Prêmio Internacional de Jornalismo Rei da Espanha, 88
Princípios de Goebbels, 75
Processo de Reconstrução Nacional, 209
Programa Conectar Igualdade, 38
PT, 20, 102, 115, 121
Rádio Belgrano, 87
Rádio Mitre, 179

Rádio Nacional, 141, 173
Rafael Correa, 100, 102
Rafael Videla, 25, 108, 116, 152
Ramón Castillo, 207
Ramón Puerta, 42
Rattembach, 119
Raúl Alfonsin, 20, 26, 27, 109
Raúl Castro, 133
Raúl Lastiri, 25
Raúl Zaffaroni, 143, 228
Rede Ferroviária, 29, 35, 36
Reino Unido, 128, 130, 131, 132
República Democrática do Congo, 195
Revista Veja, 91, 175
Revolução de Maio, 141, 142
Ricardo Brinzoni, 115
Ricardo Darín, 203
Ricardo López Murphy, 149
Ricardo Lorenzetti, 165
Ricardo Roa, 143
Roberto Baratta, 72, 88
Roberto Lavagna, 97
Roberto Viola, 209
Rodríguez Peña, 219
RTA, 171
Rubem Dri, 138

S
San Martín, 65, 75, 89, 118
Sebastián Piñera, 103
Sérgio Moro, 71, 87, 91, 121, 227
Simón Bolivar, 65
Sociedade Rural, 22, 193, 208
Spruille Braden, 23, 208
Standard Oil, 208
Suprema Corte, 23, 143, 158, 159, 165, 204, 214, 215, 217, 228
Supremo Tribunal Federal, 91

T
Tabaré Vásquez, 187
Tarcisio Padilha, 88
Te Deum, 136, 137, 138, 140, 141

Télam, 140, 173, 193
Telecóm, 164
Telegram, 90, 92, 121
Telesur, 20, 131, 224, 228
The Guardian, 33, 121, 122
Thomas Griesa, 189, 194
Tiempo Argentino, 164, 228
Tiradentes, 65
TN, 173, 228
Todo Noticias, 173
Tríplice A, 19, 24, 25
Tristán Bauer, 171
Trump, 95, 104, 133, 197
Tupac Amaru, 117
TV Digital, 158, 169, 170
Twitter, 173, 197, 199, 200, 201, 202, 203

U

Último Segundo, 171
União Cívica Radical, 26, 42, 111, 223
União Europeia, 105, 194
União Industrial Argentina, 22, 32, 223
United Fruit Company, 208

V

Vargas, 20, 52, 66, 68, 225
Vicente Solano Lima, 24
Víctor Hugo Morales, 83
Vladimir Putin, 75, 125

X

Xi Jin Ping, 186

Y

YPF, 19, 29, 35, 36, 59, 179